知らないと増えない、もらえない

妻のお金新ルール

[著] 井戸美枝　[漫画] ゆむい

談社

初めまして
漫画を描いている
ゆむいと申します
このたび
「妻のお金」をテーマに
井戸先生の書籍に
漫画を描かせていただく
ことになりました
私は今
夫・子供3人
＋犬1匹と
賑やかに
暮らしていますが
長男
シャルル
夫
次男
長女
「妻のお金」
という点で
過去にものすごく
苦い思いをした
時期がありました
Ah〜

20代前半の薄――い経歴

2010年　リーマンショックの影響が残る中、美大を卒業
イラストレーターとして某会社で アルバイト
いろいろあって フリーランス に転向

2011年　結婚
長男妊娠を機に 専業主婦 に

2013年　老舗和菓子屋で販売員 アルバイト
次男妊娠８ヵ月まで働く
→再び 専業主婦 に

離婚の2文字が頭をよぎった時真っ先に心配したのが
社会経験の乏しい私が一人で子供達を養っていけるのだろうか
親を頼れない保育園も激戦なのに
仕事と子育てを両立できるだろうか
ということでした
実際、実家のある東京エリアでは家賃が高すぎて生活が厳しくなるのは目に見えてましたし
ドン
¥
高ッ
それ以前に
家賃を払えるだけの収入の証明を…
専業主婦では家を借りることすら難しいという事実に絶望しました
サラサラ
そもそも幼い子供がいる時点でアルバイトすらまともに見つかりませんでした
子供が病気の時は？
土日も出て頂かないと社員との公平性が…
世間知らずだった私は窮地に立ってようやく社会の厳しさを思い知ったんです

そこから
生活のお金
教育のお金
老後のお金
など色々
真剣に考える
ようになり
紆余曲折の
経験を元にした漫画
『夫の扶養からぬけだしたい』
(KADOKAWA)を上梓
僕と同等に
稼いでみなよ!!
自立したい!!
今は離婚はせず
お金で揉める
こともなく
割とハッピーに
暮らしております
ベロ ベロ ベロ ベロ
経済的に自立したことで
心が自由になりました
困った時のための
備えができるのも
強みです
子供達の教育に
広い選択肢を
持たせることも
できています
何より
自分の生き方に
自信が持てるように
なりました
塾
趣味
習い事
〇×銀行
ゆむい

夫は昔と変わりませんが
ブレない男
(そこもまた長所)
夫の言動はもはや脅威ではなく、自分軸で物事を決定できるようになりました
こうしたい
「妻のお金」
結婚した全ての女性にとって大事なテーマだと思うんです
個人的には専業主婦という立場を否定するつもりはありません
事情があってそうせざるを得ないこともありますし
積極的に家庭にコミットすることも立派なことだと思います
でも
お金について不勉強なのはもったいない!

私は金銭面では自立できたけど
悩んでいることはまだまだたくさんあります
全国
転勤
もし夫が単身赴任になったら生活費はどう変わる?
子供達が私立中高に進学した場合学費に耐えられる?
10年ぶりの第3子のための貯金対策どうしよう!?
天使ッ
政治のニュースを見るかぎり
税金や年金についてもこの先大きく変わっていきそうです
●万円の壁
引き上げ
撤廃
年金受給要件
ナントカカントカ
どうなる!?
というわけで私も井戸先生の解説を読んで
より効率的に、取りこぼしなく、今と将来のお金について勉強していきたいと思います!

はじめに

お金の知識は妻の人生を救う。

みなさん、こんにちは。ファイナンシャル・プランナー、社会保険労務士の井戸美枝です。

年収の壁が話題になっている昨今、働き方やお金のことで迷っている方も多いのではないでしょうか。この本は、そんな女性たちのための一冊です。

子供をいつ産むのか、2人目以降も育てられるのか、この先も家事育児をほぼワンオペで担っていくのか、夫の収入は上がるのか……？　それに、自分のやりたい仕事は？　老後のお金は？　などと、考えることがあまりにもたくさんあるのが妻の人生。選択を迫られる場面が多く、何が正解なのかわからなくなってしまいますよね。

そこへきての「106万円の壁」の撤廃、さらには「年金3号」を廃止すべしという意見の盛り上がり。制度改正の行く末をみても、親世代のように、専業主婦として家族を支える生き方を選ぶことが難しくなってきているのを感じます。

106万円の壁については、「企業で働く人はみんな社会保険に入れるようにしましょう」ということなので、いい変化だと思います。働ける人は、壁の存在など気にせずに、どんどん働いて収入を増やしましょう！

年金の第3号被保険者制度、いわゆる主婦（主夫）年金の廃止には疑問があります。体調の問題などで働けなかったり、介護や子供の世話を優先せざるを得なかったり、子供が小さなうちは一緒にいる時間を持ちたいと思う人もいるでしょう。

時代がどれだけ変わっても、家庭ごとにさまざまな個別の事情がある以上、年金3号の制度をなくすことはできないと考えています。

ほかにも、遺族年金の改正案が示されたり、各自で老後に備えるための制度であるｉＤｅＣｏ（イデコ）が拡充されたりと、妻のお金にまつわる常識は目まぐるしく変わっていきます。

それを知らずに、「よくわからないから扶養の範囲で働いていればいいや」と変化を拒むのは、とても損なこと。一時的に手取り収入が減ったとしても、長い目で見て収入を上げていくほうが得なのは言うまでもありませんし、夫に頼らなくても経済的に自立できることが大切です。

それに、働いて得られるのはお金だけではありません。自由を手に入れられること、自信がつくことがもっとも大きな変化ではないでしょうか。

何を隠そう私自身も、20代の一時期は専業主婦でした。子育てをしながら勉強し、資格をとって開業し、気がついたら年金を受給する年代になっていました。詳しくは巻末のマンガをご覧になってください（ちょっと恥ずかしいですが……）。若い読者のみなさんは「老後なんてまだまだ先」と思っているでしょうけど、本当に、あっというまですよ。

新しいことを始めたいとき、何かから逃げたいとき、大切な誰かを守るためにも、お金が要ります。お金の仕組みや制度については、知識があるかないかが分かれ道。知らないだけで損をすることがいくらでもある世界です。正しい知識を身につけ、自分の力で収入を得ることができれば、もやもやとした不安からも解放されるはずです。

まず一歩、踏み出してみましょう。そして、お金に悩まされることなく、人生を思い切り楽しみましょう！

２０２５年３月　井戸美枝

もくじ

CHAPTER 1

なんとか家計をやりくりしてきたのに……

家のお金は妻のお金じゃありません！

妻のキモチ Q.

CHAPTER 2

「気楽でいいよね」なんて言われたくない！

“年収の壁”を超えないのが本当に得？

妻のギモン

Q.

CHAPTER 3

諦めなければ私にだってできるかも？

子供がいても自分らしく働くために

妻のナヤミ

Q.

CHAPTER 4

わが子に苦労はさせたくないから

家計の泣きどころ、教育費で失敗しない！

妻のキボウ

Q.

CHAPTER 5

最後は一人。老後のお金は自分で作る

「長生きリスク」ってどういうこと⁉

妻のファンQ.

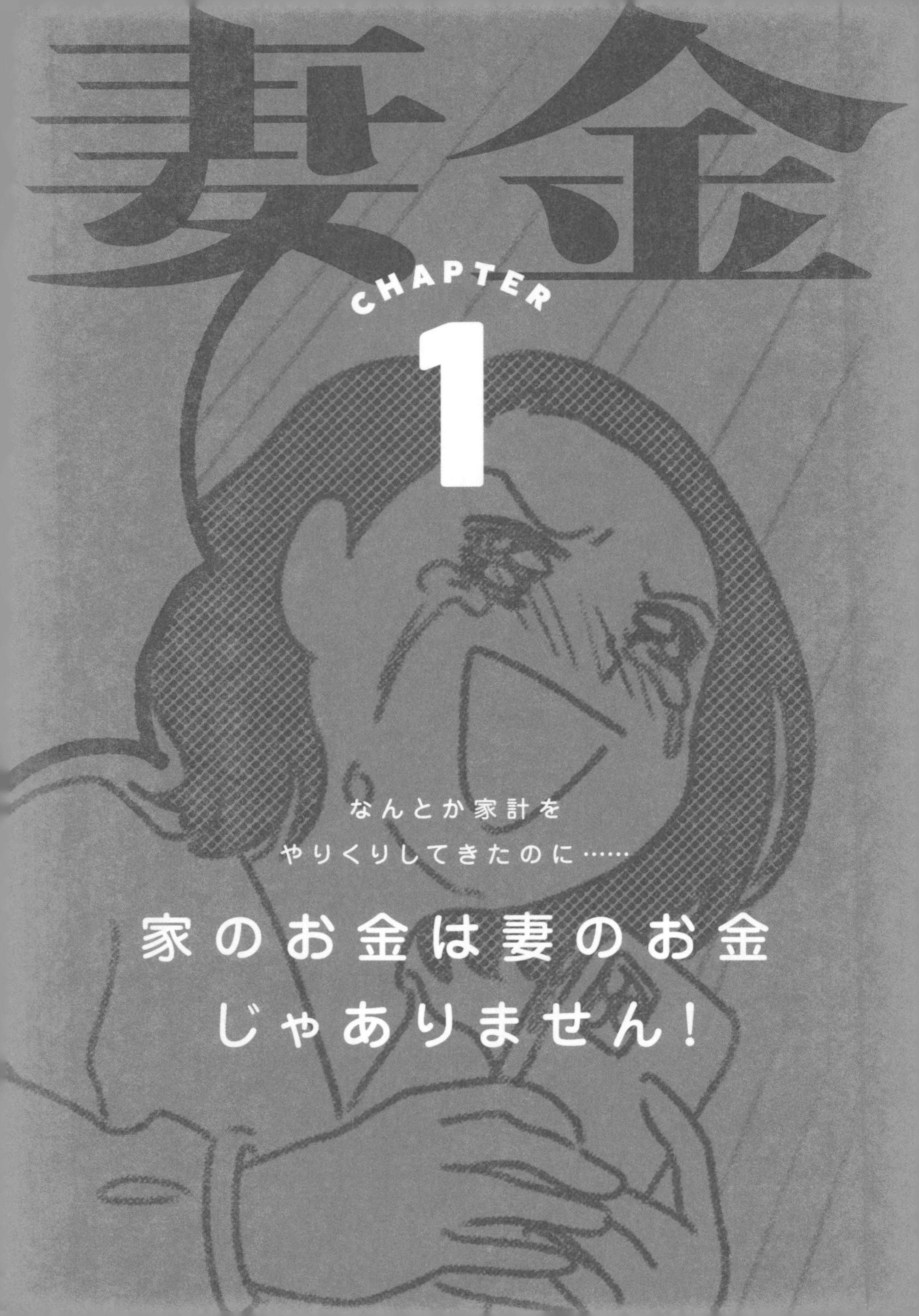

妻金

CHAPTER 1

なんとか家計を
やりくりしてきたのに……

家のお金は妻のお金じゃありません！

スーパー
え…っ お米10キロ 8000円!?
最近の物価高のスピードえっぐ…
白石 優香(32) 専業主婦
ママ お菓子買って
うっ それは食玩!
えみちゃん、こっちの方がたくさん入ってるからこっちにしよう
え～ これがいいーっ
でもそれじゃお腹空いちゃうよ
得用せんべい
私だって娘に好きなものを買ってあげたいけどさ…
いや、我慢も大事よ
ピッ ピッ ピッ ピッ
12598円です
え、いっ いちまん…!?

なんか高級な食品取ったっけ!?
ドッ
ドッ
…いやそんなことない
ドッ
ぶー
カゴの中のボリュームはいつもと変わらないのに
値段だけが2割増しくらいになったような…?
まずいなもっと節約しなきゃ
倹約レシピ
ハッピーに1万円生活
もっと!節約レシピ100
満腹と低価格は両立できる
こまめにプラグ抜く
エアコンOFF!!
動きにくい~
室内でも厚着
節水…
与四郎が全力で頑張って得た収入だし無駄遣いはできない
夫・与四郎は中学校の理科教員をしている

授業時間外は
実験準備や
テストの採点で
忙しく
バスケ部の顧問も
しているので
残業は必至
土日も
練習や試合があるため
不規則な勤務形態だ
そんな感じだから
子供が幼いうちは
私が外に
働きに出るのは
現実的ではない
節約も楽しく
やれればいいけど
ちょっと最近
切羽詰まって
きたな…
本当はカフェや
レストランで
ゆっくりしたいけど
結婚してからは
一度も自分のために
お金を使っていない
やっぱり
後ろめたさを感じてしまう

そんなある日
ピロン♪
12:24
いつメン(5)
秋にみんなで伊豆旅行しない？
えっ行きたい！
独身の頃の貯金を使えば1泊くらいは何とか…
今まで子育て頑張ってきたんだ
一度くらい自分のために使ってもいいよね？
旅行？いいよ！優香も普段頑張ってるしたまには羽を伸ばしておいでよ
休みはなんとか調整するからさ
ありがとう!!
楽しんでね
万が一の時は実家を頼れるように連絡しておこう
え
骨折!?

実母
そうなの！段差で転んじゃって
やーね歳を取るって
大丈夫なの!?
平気よ～旅行って半年後でしょ？目標があった方がリハビリも頑張れるし
いやそういうことじゃなくて！
さすがに心配だな…
今週末ちょっと帰ってもいい？困ってるでしょ？
そんな気にしないでちょうだい大丈夫だから～
大丈夫だから～
大丈夫だから～

大丈夫じゃないじゃん!!
ごちゃ～
お父さん！まだお母さんに家事任せっきりなの!?
定年退職して3年は経つよね!?
いいのよ～やってくれても怒るから…
どういうこと!?
洗い物をお願いしてもムスッとしてお皿を乱暴に扱うし
ガチャン
感謝しろ!!
ドスン
片付けをお願いすると大きな音を立てて文句言いながらやるし
それならソファでじっとしててくれた方がいいのよ
お父さん
ヒマなら優香がやればいいじゃないか

それにしても…
治療費が
大変なのよ
はぁ…
パートを休んでいるから
収入が途絶えちゃってね
出前を頼むことも
増えちゃったから
食費もバカに
ならないわ
え…
おばあちゃん
大変だね
早くいたいの
治るといいね
えみちゃんは
優しいね～
そう言って
くれるだけで
おばあちゃん
元気になっちゃう！
ほんと!?
あそうだ
こっちに
来るっていうから
プレゼントを
買ってあるんだ
ドーン
森の小動物
ファミリーハウス
今お金に
困ってるって
言ってたよね!?

ゴシゴシ
どうなってんの我が両親
○×市 燃える
キュッ
キュッ
ピカ～ッ
あんまり汚さないでよ
おうご苦労さん
料理までありがとうね
こういう時優香を産んでよかったって思うわ
勢いで掃除と料理しちゃったけど
食材費とか掃除用具代請求しにくいな～
チラッ
?
なんでもない！また来るね!!

ただいま〜
ガチャ
疲れた…色んな意味で
とりあえずお茶…
あれっ？
むわ〜〜ん
冷えてない！
氷も冷凍食品も溶けてる!!
うそ〜〜〜冷蔵庫の保証期間切れてる
最安値比較サイト探そ
買うしかないかな？
この出費は痛いな〜
ピロン♪
ん？
く 桜田 春香
優香久しぶり！
11月に結婚式することになった♡
招待状送っていい？
18:03
幼馴染
えっおめでたい！行くよ絶対行く!!
……けどッ！
ご祝儀…
当日ヘアメイク
ワンピース代
旅行どころじゃない!!

祝～
何でこんなタイミングで…
へなっ
でも……本当はこうなる前から
いつか困る日が来るかもしれない
とは思っていた
与四郎が病気や事故で働けなくなったら……次の一手が、すぐに浮かばない
今までなんとか家計をやりくりしてきたけど
本当は常に
崖っぷちだったんだ

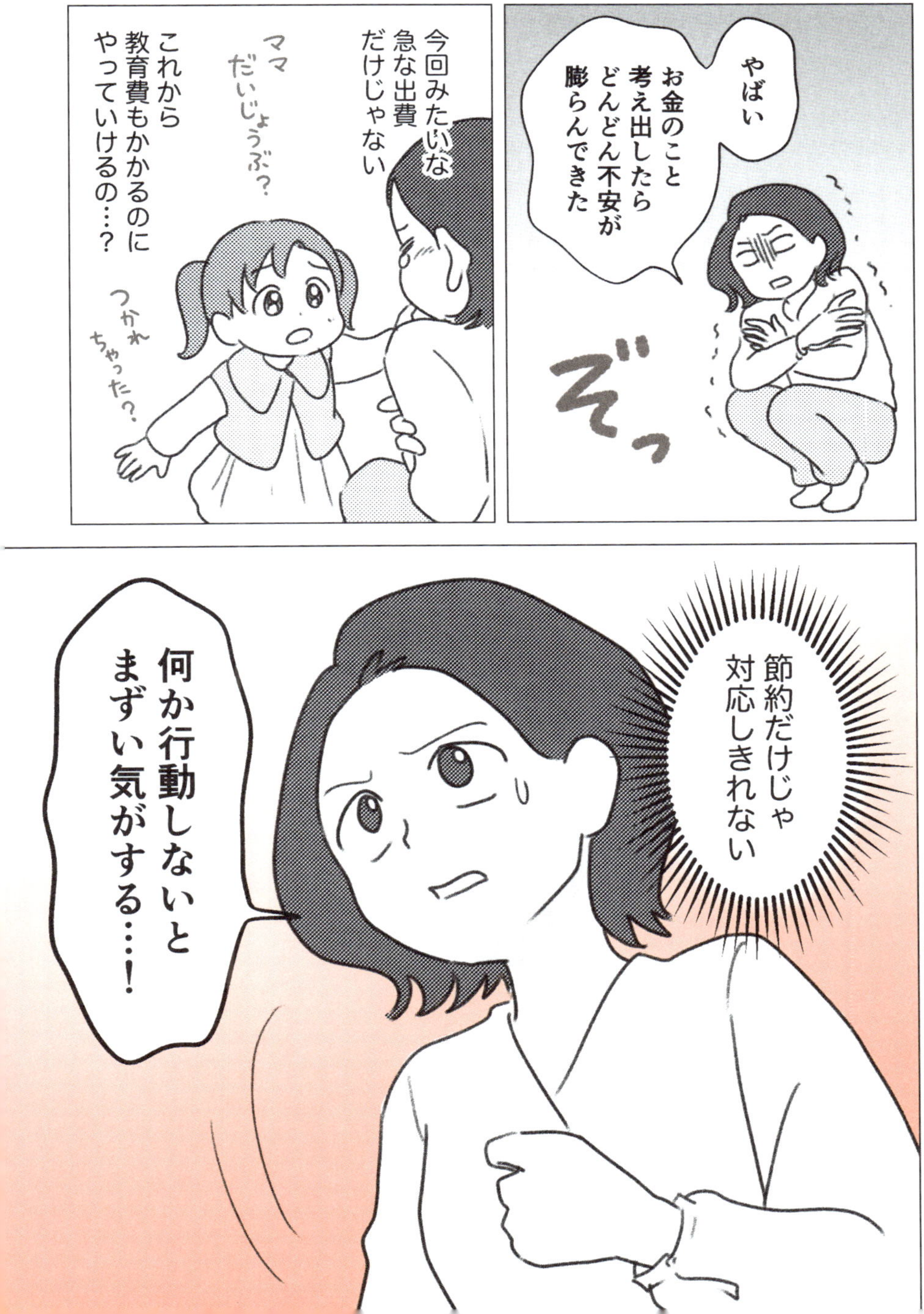
やばい
お金のこと考え出したらどんどん不安が膨らんできた
ぞっ
今回みたいな急な出費だけじゃない
ママだいじょうぶ？
これから教育費もかかるのにやっていけるの…？
つかれちゃった？
節約だけじゃ対応しきれない
何か行動しないとまずい気がする…！

妻のキモチ1

夫のお金は私のお金でもありますよね？

家のお金は誰のものか、考えてみたことはありますか？

「夫婦ふたりの財産なんだから、少なくとも半分は私のものでしょ」と思う人もいるかもしれませんね。とくに夫の扶養に入っている人なら、家族の生活費や貯金を夫の収入のなかからやりくりすることが当たり前になっているので、そのように〝勘違い〟しがちではないでしょうか。そう、残念ながらそれは勘違いなのです。**夫が稼いだお金は、あくまでも夫のものでしかありません。**

家計の銀行口座の名義は誰になっているでしょうか。日本の銀行では、共同名義の口座は開けないので、夫婦共有の口座として管理する場合でも、夫名義になっている世帯が多いはずです。妻も家族カードなどのキャッシュカードを持って家計の管理を任されていたとしても、**夫名義の口座である以上、そのお金は夫のお金なのです。**

先生の答え

A.

いいえ、あなたのお金じゃありません

「夫の給料の一部を、私の口座に移して貯めています」という人。それは、法的には贈与にあたるので（年間110万円を超える場合）、勝手にやってはいけないことです。家族の生活費や教育費であれば110万円を超えても課税対象にはなりませんが、それ以外の目的で、**夫の口座のお金を妻の口座に移すのはNG。**家族間であっても贈与となり、税金を払わなければいけないことを知っておきましょう。**家のお金と個人のお金とは別もの。**となると、妻のお金はどこにあるのでしょう？　自分名義の口座を持っていれば、その残高が妻のお金のすべてです。独身時代の貯金がそのまま残っている場合もあるでしょう。もしも、自分名義の口座がない、もしくはその口座に残高がないなら、**妻のお金は1円もないということになります。**そう考えると、ちょっと怖くなってきませんか。

妻のキモチ2

結婚していれば、なんとなく将来安泰？

妻が自分のお金を持っておくべき、もっとも大きな理由は、ずばり、**夫より長生きする可能性が高い**からです。

2050年には、女性の平均寿命は90歳を超えると予想されています。男性の寿命も延びていきますが、それでも84歳。女性と男性の寿命の差が縮まることはなさそうです。結婚していようが独身だろうが、**女性は老後に一人で生きていく時間がかなり長くなる**と覚悟しておいたほうがいいでしょう。

老後のお金がどのくらいかかるかわからないが故に、「長生きリスク」なんていう言葉が出てくるのではないでしょうか。でも、現在30~40代の女性にとって、長生きはもはや必然的なものといえそう。それに、そもそも長生きそのものはリスクではありません。

高齢になったときに自分の収入や貯蓄がなく、年金も少ない状態であることこそがリスクです。

先生の答え

A.

女性の平均寿命は90歳以上に。最後は一人と考えましょう

長生きする確率は男女でこんなに違う!

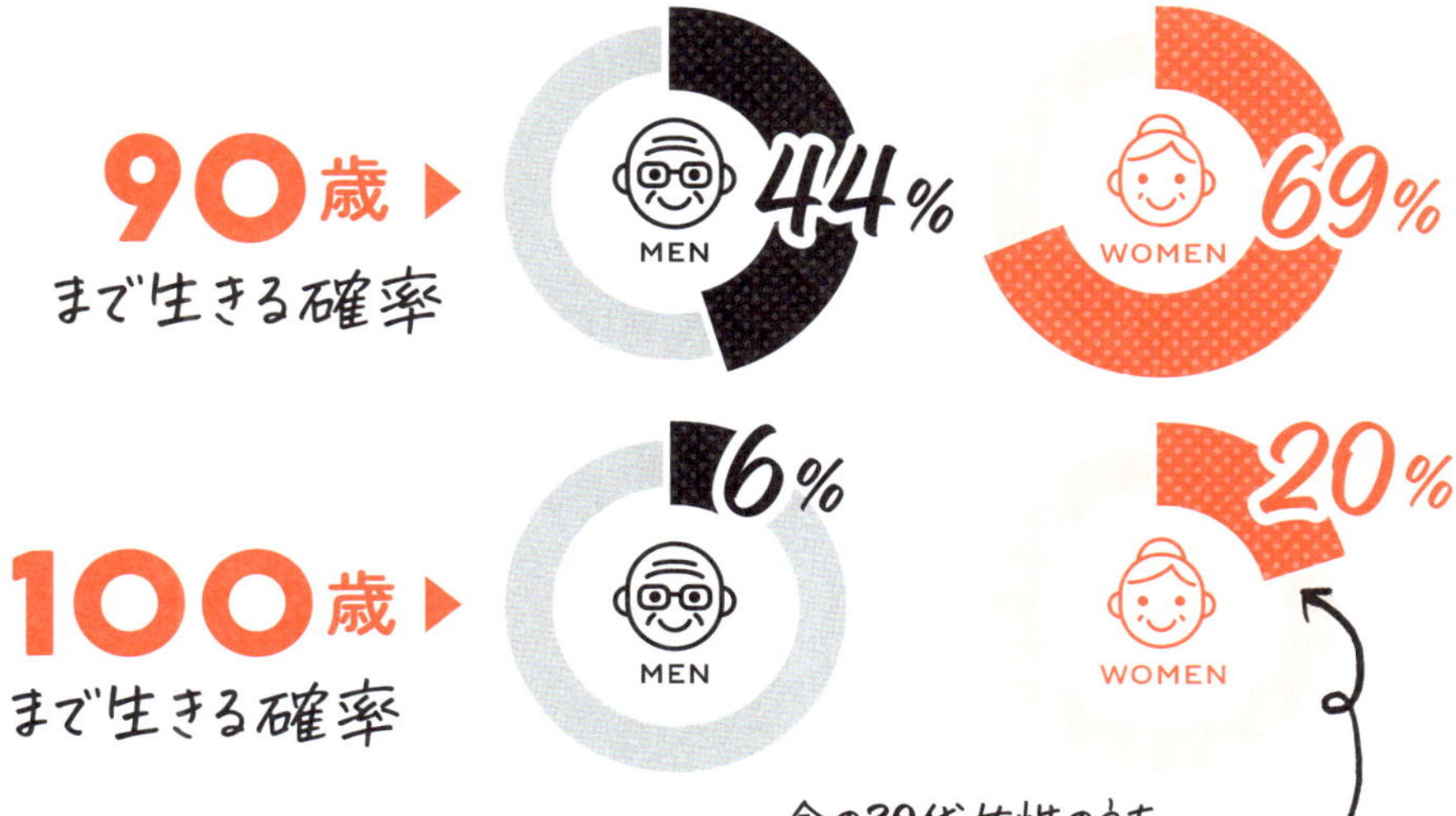

今の30代女性のうち、
5人に1人が100歳まで長生きする!

厚生労働省「完全生命表」「簡易生命表」、国立社会保障・人口問題研究所「日本の将来推計人口」より試算

節約をがんばっているけどもう限界です！

お米、卵、調味料、日用品や光熱費まで、なんでこんなに値段が上がっているの？　と嘆いている人も多いのではないでしょうか。

1990年代以降、物価が上がりにくい（＝デフレ）状態が続いてきたので、今の40歳以下は物価が上がる（＝インフレ）経験をほとんどしていないはずです。でも、むしろそれが異常事態だったのです。本来なら、物価はゆるやかに上がり続け、賃金も上がり続けるのがふつうの経済の姿です。

ところが、今の日本では物価の上昇に賃金の上昇が追いついていないのが問題。**夫の給料はあまり上がらないのに、物の値段だけがどんどん上がっていくとしたら、家計は苦しくなる一方です。**もっと節約をがんばるといっても、ご飯は食べなければいけないし、電気を使わないわけにもいきません。**節約も大事ですが、限界があります。**それよりも、収入を増やす方向に転換しましょう。

先生の答え

A.

節約だけではインフレに対抗できません

インフレで物価が上がり、お金の価値が下がる

2%のインフレが20年続いたら……

今の100万円が約67万円に!

3%のインフレが20年続いたら……

今の100万円が約55万円に!

★日本銀行は、物価が安定して年2%上昇することを目標に定めています。

妻のキモチ4

今は夫の給料でどうにか足りてるけど……

妻が専業主婦で収入がまったくない世帯でも、夫がすでに高収入で年収が上がり続ける見込みがあれば、一見、お金で苦労することはなさそうです。

けれど、そんな家庭はごく少数ですよね。「今のところは夫の収入だけで、なんとか赤字にならず暮らせています」という場合、なにかあったときの心配は尽きません。

実際、どんなときに困るのでしょうか。

まず考えられるのは**夫が亡くなってしまったときですが、この場合にはいろいろと入ってくるお金があります。**

① 夫の勤め先の死亡退職金。

② 遺族年金。18歳未満の子供がいるなら遺族基礎年金と遺族厚生年金が出ますし、子供がいなくても遺族厚生年金はもらえます。

③ 民間の生命保険。結婚したとき、子供が生まれ

先生の答え

A.

夫の収入がなくなることだってあり得ます

たときなどに生命保険に加入していて、まとまった金額が給付される人もいるでしょう。

一方、病気や鬱《うつ》などの精神疾患、ケガなどで働けなくなった場合、**健康保険から傷病手当金が最長1年6ヵ月分まで出ますが、療養がそれ以上の長きにわたると収入が完全に途絶えてしまいます（障害と認定されると、障害年金を受け取れます）。**

また今の時代、会社が倒産したり、リストラにあったりするのも珍しくないことです。

もしものとき、いちばん心強い助けになるのは、貯蓄でも保険でもなく、妻の収入です。**長く働けて安定した収入を得られる自分になっておくことが得策**（ある日突然、高収入の仕事に就きたいと思っても、それまでのキャリアがなければ無理ですよね）。あなたが得たお金で、夫や家族を支えることもできるのです。

★鬱《うつ》など心の病気は、復職までの期間が長くかかる傾向があります。
健康保険に加入していれば復職したあと再び休職しても手当が出ることも。

夫が万が一のときも遺族年金がありますよね？

2024年、遺族厚生年金についての改正案が出されました。まだ決定ではありませんが、今後、段階的に変わると思っていたほうがいいでしょう。

大きなポイントは、**18歳未満の子供のいない、40歳未満の配偶者への支給の見直しです。**現行では遺族厚生年金が無期限で支給されていますが、これを5年間の有期給付にする案です。たとえば、妻が30歳のときに夫が亡くなったとすると、30〜34歳の5年間と65歳以降に支給され、35〜64歳の30年間は支給がなくなるイメージです。

この案は男女差をなくすためのもので（現行では、夫が55歳未満で妻を亡くした場合は遺族厚生年金を受け取れない）、遺族年金そのものを縮小しようというわけではありません。

ともあれ、働いていないと厳しいのは間違いありません。「夫に万が一のことがあっても遺族年金があるから大丈夫！」とはいえないのです。

先生の答え

A.

受給できる期間が変わる可能性があります

［20〜50代、子のいない配偶者の遺族厚生年金］

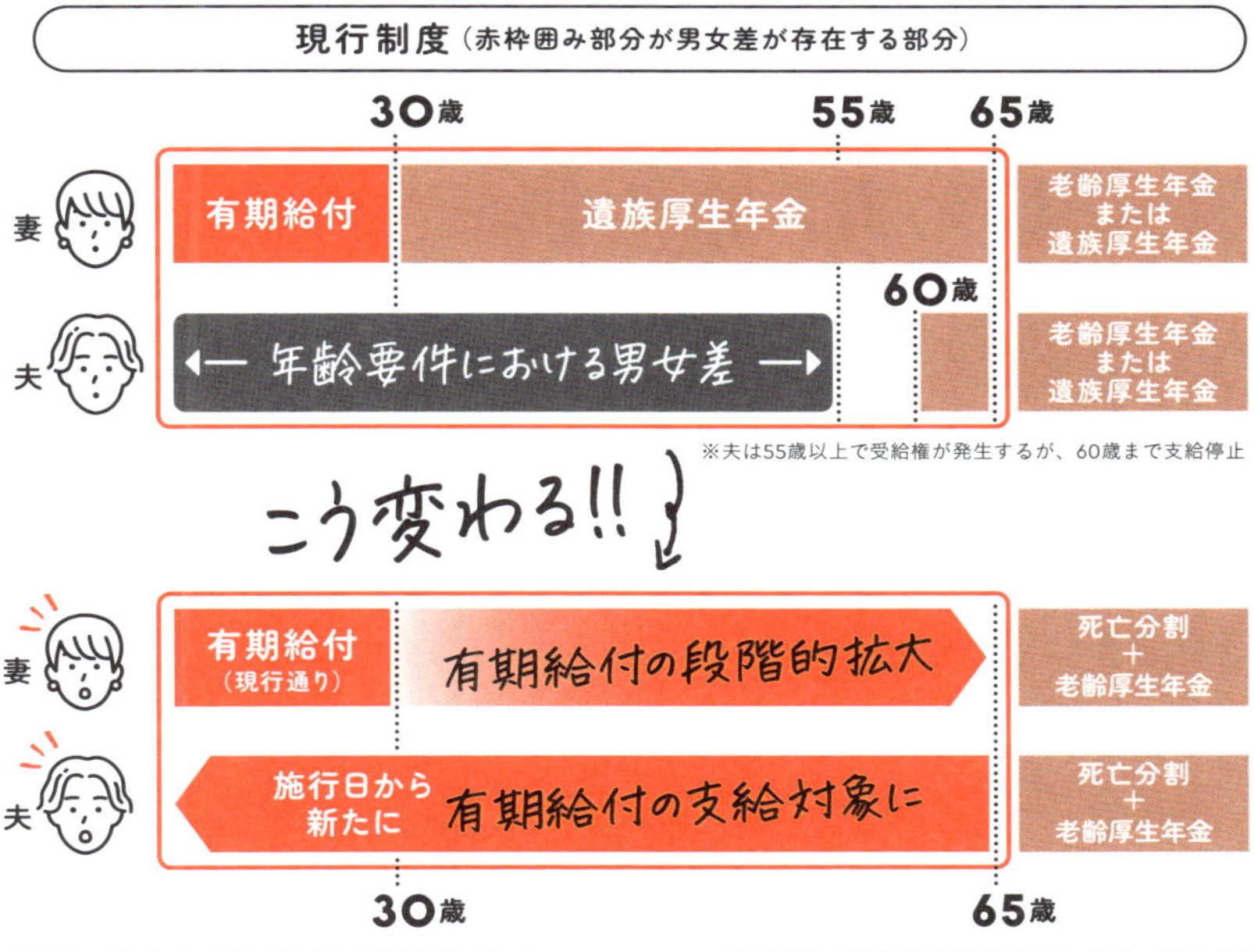

※検討中の案であり、今後、変更される可能性があります。

厚生労働省「第17回社会保障審議会年金部会」資料より作成

★年収850万未満という要件はなくなり、収入にかかわらず受給可能になります。

離婚したら、養育費っていくらもらえますか？

養育費は、子供の数、両親それぞれの年収などを加味して決められます。**子供1人で、元夫の年収が400万〜500万円、元妻（親権者）の年収が100万〜200万円だとしたら、毎月の養育費は4万〜6万円が相場です。**

子供が成人するまでの支払いが一般的ですが、期限は法律で定められていないので、18歳までとするのか、大学卒業までとするのかは話し合って決めます。また、親権者の元妻が再婚した場合には、元夫の支払いが免除や減額される場合がありますから、必ずしも〝ずっともらえるもの〟とはいえません。

さらに、養育費の支払いは義務であるにもかかわらず、**実際にはほとんど支払われなかったり、支払いが途切れたりするケースも多いことが問題です。**相手に収入があり、裁判所から勧告をしても応じない場合は、最終手段として強制的に給料や預金を差し押さえることができます。

先生の答え

A.

平均月5万円ですが、もらえないことも多いのが現実です

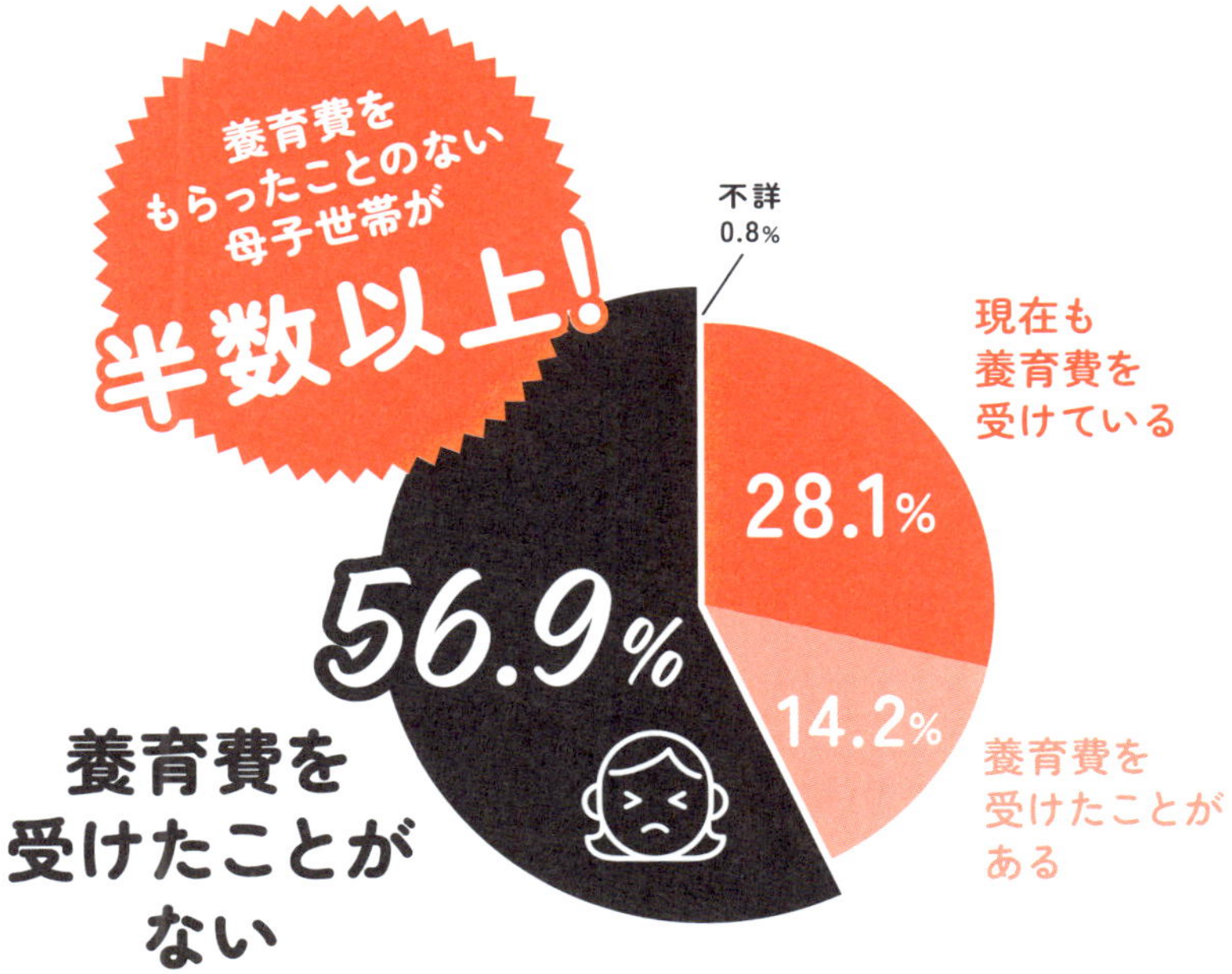

厚生労働省「令和3年度 全国ひとり親世帯等調査」より作成

★養育費と慰謝料はまったく違うもの。慰謝料をもらえるケースは少ないようです。

妻のキモチ1

Q.「年収の壁」って超えたら損ですよね？

扶養の範囲内で働く妻がずっと気にしてきた「年収の壁」。2024年の秋に突如として「103万円の壁」が話題になりました。控除額が増えれば実質的な減税になり、その恩恵を受ける人が増えることになります。

その一方で、「106万円の壁」をなくし、労働時間のみで判断することになりそうです。こちらは厚生年金に加入する人を増やそうというもの。

社会保険料の負担が増えるとなった途端、

「何が得で何が損なのかわからない！」

「パートのシフト減らさなきゃ」

「いっそのこと働かないほうが得なのでは？」

などと、誰しもが混乱しているように見えます。


無理もありません。**所得控除や社会保険の仕組みは、【働く夫＋扶養される妻・子】という世帯構成を前提にしたものなので、現代にそぐわなくなってきたのです。**今は、時代に合わせて制度を少しずつ作り

先生の答え

A.

「壁」を超えなければ将来的にジリ貧です

変えている途中です。

現在、30〜40代の人たちと親世代とを比べると、妻の側から見える景色はずいぶん変わりました。昔はどんなにトンマな夫でも毎年お給料が上がり、定年まで企業に雇ってもらえましたが、今はそうはいきません。**「専業主婦の母が幸せそうだから自分もそうなりたい」と願ったところで無理なのです。**

コロコロと変わる制度に合わせて働く時間をちょっと減らしたりして、目先の税金や保険料を節約することが本当に得なのでしょうか? 夫の扶養でいることが安心で堅実な生き方なのでしょうか? 元気で働ける人なら、壁を超え、スキルを身につけてステップアップし、自分のお金と年金や社会保険、何よりも自由を手に入れたほうが得なのでは……?

次の章では、妻の立場から見た「壁」の真実について考えていきましょう。

★共働き世帯は1985年から70%以上増え、1200万世帯を超えました。

聞いたことあるけど実はよくわからない！

用語集

世帯

【せたい】

同じ居住地に住み、生計を共にする家族の単位。家族と同居せず１人で住んでいれば単身世帯です。また、同じ家に住んでいても生計を別にしているなら別の世帯となります。各世帯に世帯主を１人立てる決まりになっていて、行政関係の通知は世帯主宛に届きます。

『インフレ／デフレ』

インフレーションは物価が持続的に上がり、お金の価値が下がること。同じ物の値段が倍になったら、お金の価値は半減したことになります。デフレーションはその反対で、物価が下がり続け、お金の価値が上がること。日本は2021年頃までデフレが続いていました。

『贈与』

【ぞうよ】

財産を譲る契約のこと。贈与する側が自分の財産を譲るという意思表示を行い、財産を譲り受ける側が承諾することによって成立します。家族間で財産を引き継ぐ方法としては、亡くなってから相続する以外にも、生きているうちに財産を譲る生前贈与があります。

遺族年金

【いぞくねんきん】

国民年金や厚生年金の加入者が亡くなったとき、その人に生計を維持されていた（前年の収入が850万円未満、または所得が665.5万円未満の）配偶者や子供が受け取れます。遺族基礎年金と遺族厚生年金はそれぞれ受給要件が異なり、18歳以下の子供がいない人は遺族基礎年金を受け取れません。

『慰謝料』

【いしゃりょう】

夫婦間にかぎらず、相手の行為によって精神的な苦痛を受けたときに請求できる損害賠償金。不倫、暴力、ハラスメントなど、相手の行為が不法と認められれば請求できますが、調停や裁判が必要になることも。離婚したらもれなく受け取れるわけではありません。

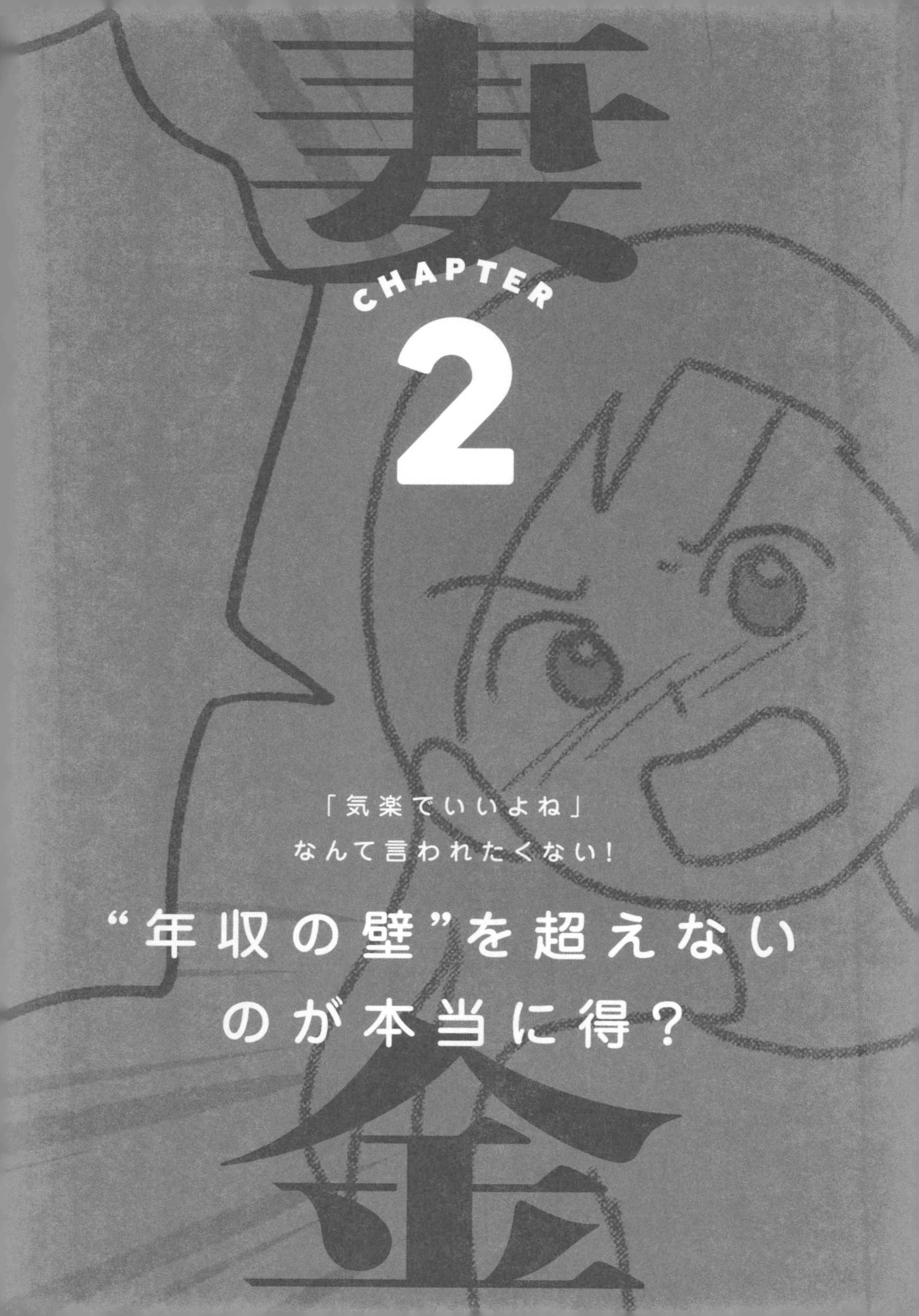

CHAPTER 2

「気楽でいいよね」

なんて言われたくない！

“年収の壁”を超えない のが本当に得？

私は渡瀬 さゆり(31)
夫の洋太(40)と
小学3年生の長男・圭太と3人暮らし
駅
夫は電力会社勤務で安定職だけど
多忙すぎてほとんど家にいない
なので基本家のことは私一人でやりつつ
圭太が小学校に上がってからの3年間は
駅前の書店でパート勤務をしている
本好きな私にとっては天職だ♪
日本文学
エッセ
ルポルタ

実はつい先日嬉しいお声がけを頂いた
渡瀬さんちょっといいかな
店長
お子さんも大きくなってきたでしょ?
そろそろ正社員になってみない?
え!!
試験と本社での面接もあるから
少し対策は必要になるけど…
この業界で正社員として働ける…
嬉しい!
ドキ
でも…
ドキ
ありがとうございます
一度夫と相談させてください
そうだよねご家庭の方針もあるからね
はい…
でも前向きな返答を期待してるよ

…という
ことなんだけど
どうかな!?
えー…
正社員?
まだ
扶養内で働いた方が
お得なんじゃない?
え…
得?
たくさん働いたら
住民税とか
所得税とか
自分で払わないと
いけなくなるんだよ?
税
俺の方も
控除されてるのに
わざわざ
損するようなこと
しなくてもいいじゃん

年金だって
3号が適用
されてるんだから
いいじゃん
年金3号
あれ
すごい制度
だよね
こんな
お得な制度は
使わなきゃ
損だよ
無理して払わなくても
将来もらえるんだから
そうか…
確かに…
そうなのかも
年金…
税金…
そういえば
年収の壁って
最近ニュースで
すごく話題になってる
年収の壁
手取りアップ!!
けど正直
よくわかって
なかったかも
私にも
関係すること
だったよね…?
ていうか
母親が家にいた方が
いいんじゃない?
圭太
圭太が
病気にでもなったら
どうするの?
俺仕事
休めないからね?

もう小さい頃みたいに頻繁に風邪を引くことはなくなったけど…
可能性は0じゃないよね
わかってるよ
もしそうなったら店長に相談して極力休めるようにしてもらうつもり
それが甘いんだって！
なんで正社員がパートと違って高い給料もらえてるかわかる？
責任が発生するからだよ
責任
今気軽に早退したり急に休んだりできるのはさゆりがパートだからでしょ？
はっ

別に今、生活に困ってるわけじゃないんだから
無理に正社員にならなくてもいいじゃん
でも…母親でも正社員として働いてる人洋太の会社にもいるでしょ?
うちも協力したら同じように…
だからさー
俺はさゆりのこと心配して言ってあげてるの
え?
お前キャパ狭いし正社員なんて無理だよ
パートでゆる〜り気楽な働き方にしといた方が絶対いいって
あ〜なんか羨ましくなってきた
俺も時間の切り売りで気楽に働いてみたい…
は…?
気楽…切り売りって…
私のことなんだと思ってるの?

今の私の働き方は
あなたの仕事を
尊重した結果なんだよ!?
それに
パートでも
目の前の仕事には
責任を持って
取り組んでるの
見下したような
言い方しないで!
あ、いや…
今のは言葉の綾で…
別に見下してる
とかでは…
ごめん
ちょっと今日
疲れてて…
でも…
「年収の壁」って
実際どうなんだろう?
働き方一つで
社会のメンバーとして
認められていない
と思う時がある
これはもう
私の尊厳の問題だ

…てことが
あってさ〜
せっかくの
チャンスなんだけど
どうしようかなって
旦那さん
言葉のチョイス
雑すぎん？？？？
引ッ…
友人
そうなの
言い方ってもんが
あるよね
ところで
扶養内で働いた方が
得…って
本当かな？
え？
違うの？
得してるのは
誰？
夫の方
じゃない？
どういうこと？
世帯収入でみたら
損ではないと思うけど…

控除されるのはあくまで夫の給料
それで妻個人が得するわけじゃないよね
あっ
それに社会保険料を払うことって「損」ではないと思うんだ
自分の未来に備えているってことでしょ？
た、確かにそうかも
あと不謹慎なこと言うけど…
夫と死別した場合残された自分の生活はどうするの？
遺族年金だけで本当に生活できる？
えっと…わかんない

旦那さん…
9歳年上だよね？
女性の平均寿命って
男性と5歳以上
違うんだよ
最後は高確率で
さゆり一人になる
老後まで
まだ何十年も
あるんだから
今からたくさん稼いで
未来の自分のために
備えた方が
有意義なんじゃない？
そっか…
「得」って思ってたけど
私も洋太も
少し勘違いしてたのかも
それに この先の人生
ずっと夫に
頼り続けるよりも…
やっぱり
私…っ
～後日～
屋書店
店長！
この前の件
なんですけど…
渡瀬さん

社員登用のための試験
ぜひ受けたいです！
よかった！
夫の仕事が忙しいのは変えられない
だけど
だからと言って私の人生までセーブしなくてもいいのかもしれない
俺も会社に掛け合って仕事量調整してみるよ
はい コーヒー
ありがとう
応援する!!
さーて頑張るぞ！
ぼくも！

パートで働いていれば「共働き」ですよね？

共働き世帯が1200万世帯を超え、専業主婦世帯の3倍になりました。これをもって「女性の社会進出が順調に進んでいる！　めでたい！」と喜ぶのは、やや早計でしょう。

なぜかというと、**働いている既婚女性のうち約5割が非正規雇用であり、その多くはパート就労者だからです。年収は100万円台が最多で、その次に多いのが100万円未満。**お金の面では、家計の担い手ではなく補助的な存在といえます。

公的な統計上は、妻が夫の扶養の範囲内で働いている場合も含めての「共働き世帯」なのですが、実際は、夫婦ともにフルタイムで働いていることを「共働き」と考えている人も多いでしょう。仕事をしながら家庭を支えているのに、働く時間と収入が少ないだけで共働きとみなされないのは心外かもしれませんが、そうした認識の隔たりがあることも事実なのです。

先生の答え

A.

共働きにも格差が。「扶養妻」＝専業主婦と思われがちです

昭和の時代と比べて増えたのはパートだけ？

1985年は男女雇用機会均等法が成立した年。その頃と比べて、
パート就労する妻は3倍ほど増えましたが、
フルタイムで働く妻はわずかしか増えていません。

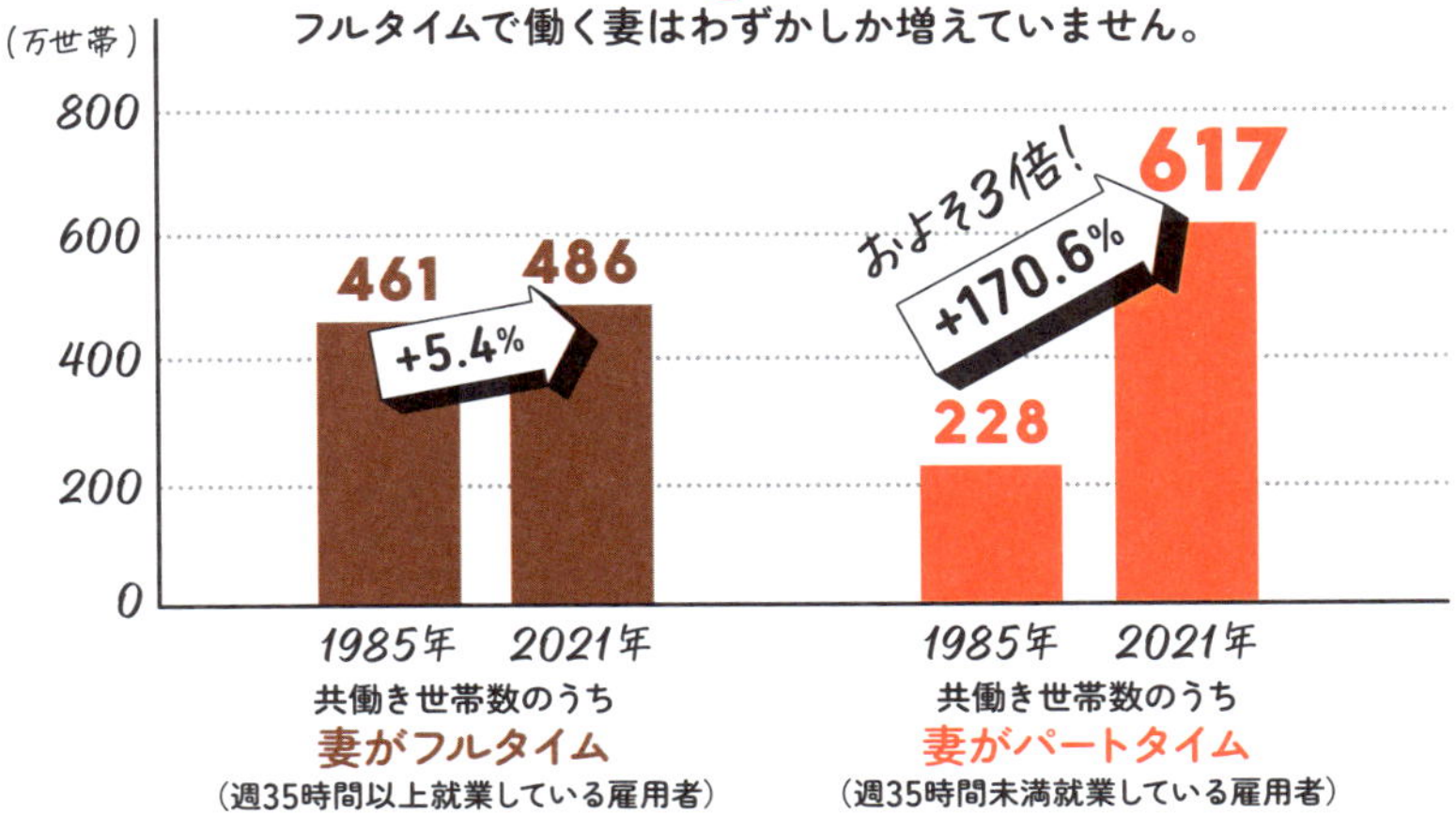

厚生労働省「第17回社会保障審議会年金部会」資料より作成

年収の壁って……どれだけあるんですか!?

年収の壁が注目されるようになりました。実際に、壁を意識して働いている人も少なくないでしょう。じゃあ、自分に関係がある壁ってどの壁？　どう変わるの？　というのが気になるところ。妻の働き方にかかわる「壁」をみてみましょう。

【100万円の壁】

妻の住民税の支払いが生じます。壁（非課税ライン）を超えた分に対して所得割が加算されます。

【103万円の壁】

妻の所得税が発生することから**「税金の壁」と呼ばれていた時代もありました。**詳しくは後ほど。

【106万円の壁】

妻の勤務先の規模などによって社会保険料負担が生じますが、**この壁は撤廃される見通しです。**

先生の答え

A.

色々な壁がありますが、全部知らなくてもOK

【130万円の壁】
勤務先の規模にかかわらず社会保険の扶養から外れます。よく「扶養の壁」とも呼ばれます。

【150万円の壁】
夫が受けられる配偶者特別控除が段階的に減り始めます。妻自身の手取りには影響しません。

【201万円の壁】
夫が配偶者特別控除を受けられなくなります。やはり妻自身の手取りには関係ありません。

こんなにたくさんの壁がある（とされる）中で、すべて理解したうえで自分の働き方や働く時間を決断できている人は果たしているのでしょうか？ 壁の正体について、もう少し詳しくみていきましょう。

妻のギモン3

どうして壁を超えると手取りが減るんですか？

妻が壁を超えると、何がどう変わるのでしょう？**夫の扶養を外れることによって、いままでは払わなくてもすんでいた妻自身の税や社会保険料の負担が生じるほか、夫側の控除や手当がなくなります。**すると、収入が増えた分よりも引かれる分が多くなり、世帯としての手取りが減ってしまうという逆転現象が起きる場合があるため、「壁を超えたら損」などと言われるのです。

そうなると手取り額がポイントとなるわけですが、その手取り年収、実はどこにも書かれていないのです。給与明細と年に一度もらう源泉徴収票から自分で計算するしかありません。働く人がみんなこの計算をしているとは思えないのに、「壁を超えると損」という確信を持っているなんて不思議です。

たくさん働くほど損になるわけがありませんよね。**収入と手取りの逆転現象が起きてしまうのは、壁を〝ちょっと〟超えた場合だけです。**

先生の答え

A.

"少しだけ"超えると、引かれる分が多くなるからです

手取り収入はいくら？ 計算してみよう

［源泉徴収票と給与明細で年間の手取りを把握］

〈源泉徴収票〉

種別	支払金額	給与所得控除後の金額	所得控除の額の合計額	源泉徴収税額
給料・賞与	A 円	円	円	B 円

社会保険料等の金額	生命保険料の控除額	地震保険料の控除額	住宅借入金等特別控除の額
C 円	円	円	円

毎月の給与明細で
住民税を調べる……D

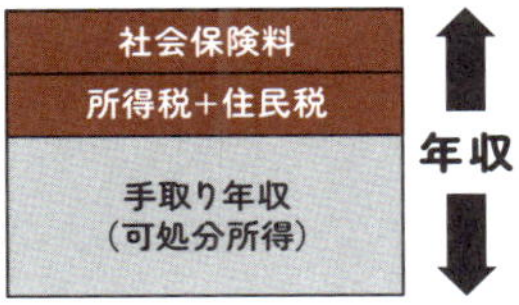

拾ってきた数字をあてはめる

支払い金額 A	円
源泉徴収税額 B	円
社会保険料等の金額 C	円
住民税 D×12ヵ月分＝E	円
手取り年収（可処分所得）	円

手取り年収＝A-B-C-E

★源泉徴収票は年末調整後、12月後半～1月に発行されます。

103万の壁が123万に？それってお得ですか？

１０３万円の壁が引き上げられて、１２３万円になります。給与所得控除と基礎控除がそれぞれ10万円ずつ増えて、実質的な減税に。働く人すべてに恩恵があります。

扶養に入っている妻にとっては、いわゆる「税金の壁」が変わることに。所得税の支払いが生じる年収が１２３万円になるので、１２２万円までは所得税の負担なしで働くことができます。

ただ、そもそも２０２４年時点で、１０３万円の壁は妻にとってあまり重要ではありませんでした。税金は、壁を超えた途端に重くのしかかるのではなく、超えた分の所得に応じて少しずつかかってくるものだからです。「壁」というイメージは実態に合いませんし、ここを意識して働き控えすることも意味がないといえるでしょう。

先生の答え

A.

減税なので、すべての働く人が得します

これまで103万円の壁が意識されてきたのは、妻の所得税よりも夫の配偶者控除の影響によるところが大きかったのではないでしょうか。かつては、妻の年収が103万円を超えると、配偶者控除を受けられなくなり、夫の手取りが減ってしまったためです。夫の手取りのために妻が収入を制限するというところに「はて?」と思うのですが……。

そんな配偶者控除の壁も、すでに解消されています。妻の年収150万円までは配偶者特別控除を満額受けられるので、夫の手取りが減ることはありません。また、**103万円の壁の引き上げにともなって、150万円の壁も160万円に引き上げられます。**今後は、妻の年収が160万円を超えたところから夫の配偶者特別控除が減り始めます。控除が完全になくなるのは201万円で変わりません。

★夫の会社の「扶養手当」の壁が103万円の場合もあります。

妻のギモン5

106万の壁がなくなるとどうなるの？

「社会保険の壁」の一つだった１０６万円の壁が撤廃されます。社会保険加入は働く本人の年収、企業の規模（従業員51人以上）などの基準がありましたが、企業規模の要件は２０３５年10月までに段階的に撤廃する方針です。**小さな会社でも、年収が低くても、週に20時間以上勤務する人は社会保険に加入して保険料を払うことになります。**扶養を外れたくない人は、週20時間という「時間の壁」を超えないようにする必要があります。ただ、この週20時間の壁も、いつまであるかわかりません。国は、働き控えする人を減らし、できるだけ多くの人が厚生年金に加入できるように壁の見直しを進めています。

扶養を外れると健康保険料、厚生年金保険料の負担が発生し、扶養内で働いていた頃より手取りが減ってしまうこともあります。ですが、社会保険のメリットを考えれば、目先の手取り減少には目をつむり、積極的に年収を上げていくのがベストです。

先生の答え

A.

多くの人が扶養を外れ、社会保険に加入します

社会保険料って、どのくらい？

健康保険料 ＝標準報酬月額×保険料率（10％前後）÷2

厚生年金保険料 ＝標準報酬月額×保険料率（18.3％）÷2

給料（標準報酬月額）が**90,000**円だとすると……

健康保険料 4,391円 ＋ **厚生年金保険料** 8,052円 ＝**12,443**円の負担

▶ **手取りは77,557円に！**

※東京都協会けんぽ、40歳未満の場合。住民税は含まず。

社会保険の内訳は健康保険と厚生年金。**保険料の半分を会社が負担してくれる**ので、**自己負担分は2で割った金額**になります。

★企業規模の要件は、2027年10月から段階的に撤廃されます。

130万の壁は なくならないの？

１０６万円の壁が撤廃されることになり、社会保険にかかわるのは１３０万円の壁ばかりとなりました。国民年金と国民健康保険についての扶養の壁です。

パートで企業に勤めている人は、今後は企業の規模や自分の年収に関係なく社会保険に入ることになります。

一方、社会保険のない個人商店などで働いていたり、業務委託契約のように雇用ではない契約で働いている人にとっては、１３０万円が扶養の壁です。収入が１３０万円を超えると自分で国民年金と国民健康保険に加入し、保険料の支払いが生じますが、もらえる年金額などは扶養のときと変わらないので、壁を超えても特にいいことがありません。これが厚生年金に入れる人とそうでない人との大きな違い。看護師などの専門職で、該当する人が意外と多いはずです。

働き方を考える上で材料の一つになるでしょう。

先生の答え

A.

なくなりません。
これがもっとも大きな壁です

［130万円の基準と106万円の基準の収入範囲等の違い］

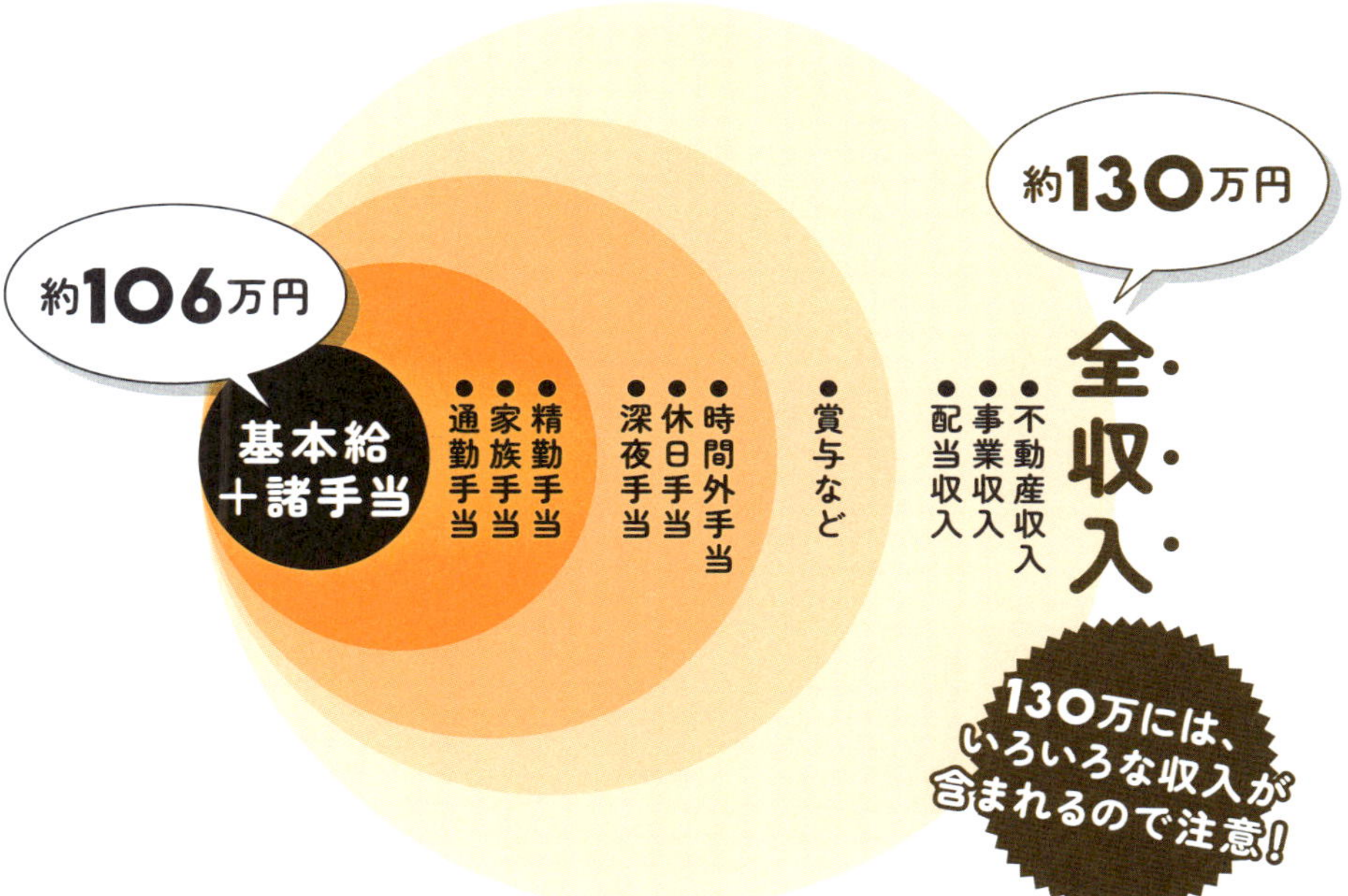

[106万]は基本給＋諸手当だけが基準でしたが、[130万]には
ボーナスや家賃収入、副業、配当金など、すべての収入が含まれます。

★一時的な収入増加で年収が130万円以上になっても、
2年間は扶養のままになる予定です。

妻のギモン7

いくらまで働けば損しないですみますか？

今まで壁を超えないように働く時間を調整してきた人からすると、「壁を超えたらとにかく損してしまうのでは？」と不安になるでしょう。たしかに、106万円、130万円、どちらの場合でも、壁を超えただけでは社会保険料の負担が増えた分、手取りが減ってしまうという逆転現象が起こります。

どのくらい収入を上げていけば、この逆転現象を解消できるのか、左の表の金額が目安になります。

106万円の壁を超え、さらに150万円を超えると、夫の配偶者特別控除が減り始め、夫の税金が少しずつ高くなりますが、世帯収入はプラスです。

130万円の壁を超えた場合、がんばって170万円くらいまで年収を上げないと、手取りが減って働き損になります。判断のむずかしいところですが、将来的に稼ぎ続けられそうならば、壁を気にせずに働いたほうがいいのではないでしょうか。

先生の答え

A.

125万と170万で手取りが回復します!

壁を超えて、
手取りが回復するのはこの年収

106万円の壁を超えない程度に働いていた人の場合

厚生年金保険料 + 健康保険料 + 税金
を払っても……
年収125万円を超えれば、手取り収入UP!

130万円の壁を超えない程度に働いていた人の場合

厚生年金保険料 + 健康保険料 + 税金
を払っても……
年収170万円を超えれば、手取り収入UP!

★106万円の壁撤廃にあたって、企業が負担する保険料の割合を高められる特例も検討されています。

妻のギモン8

年金をもらえるなら扶養でもいいのでは……

自分で社会保険に加入すると、何がどう変わるのでしょうか？　年金については、たしかに扶養のままでも老齢基礎年金を受け取ることができますが、女性の長い老後を支えるのに十分な金額とはいえません。厚生年金に入れれば、それに上乗せして将来の年金額を増やすことができます。

賃金によって支払う保険料も、受け取れる年金額も変わるのが厚生年金です。年収106万円の人が厚生年金に加入すると、月額で年金保険料は8052円。急に負担が増えてしまって辛いと感じるかもしれませんが、実は会社が同額を負担しているので、1万6104円分の保険料を支払っていることになります。この労使折半の仕組みがあるので、国民年金よりも手厚い給付を受けられるのです。

また、厚生年金には69歳まで加入できるので、長く働けば働くほど年金額を増やすこともできます。

先生の答え

A.

国民年金と厚生年金の違いは大きいです

第5章で詳しく解説しますが、女性の老後のマネープランとしては、長く働いて収入を得ながら年金の受給を繰り下げて、70代以降に受け取る年金額を増やす作戦がおすすめです。

老後の年金が増えること以外にも、厚生年金に加入するメリットがあります。

・障害年金の上乗せと範囲拡大

病気やけがで障害を認定されると受け取れる年金。障害基礎年金は障害等級が1級か2級の場合にのみ支給されますが、**障害厚生年金は障害等級3級にも、また障害手当金も支給されます。**

・遺族年金の上乗せ

亡くなったときに残された遺族が受け取れる年金も、遺族基礎年金に上乗せされます。

妻のギモン9

「扶養はずるい」と言われて、悲しいです

年収の壁の見直しと合わせて、年金3号を廃止するべきという意見も出てきました。「3号」が何のことかピンときていない人もいるかもしれません。**正式には、国民年金の第3号被保険者。**年金2号の配偶者に扶養されている人のことで、その多くは女性（妻）です。

年金の2号はというと、会社員や公務員といった厚生年金に加入している人。年金1号は、学生、自営業者、フリーランスなど、国民年金だけに加入している人です。

年金3号は、会社員の夫＋専業主婦の世帯が大半だった時代に、妻が無年金にならないように考えられた制度ですが、時代にそぐわなくなってきましたし、パート主婦の働き控えにもつながるとされています。自営業の人は夫婦ともに保険料を払っているのに、会社員の妻だけ保険料を払わずに国民年金を受け取れるのは不公平とも言われています。

先生の答え

A.

年金3号への風当たりが強くなっています

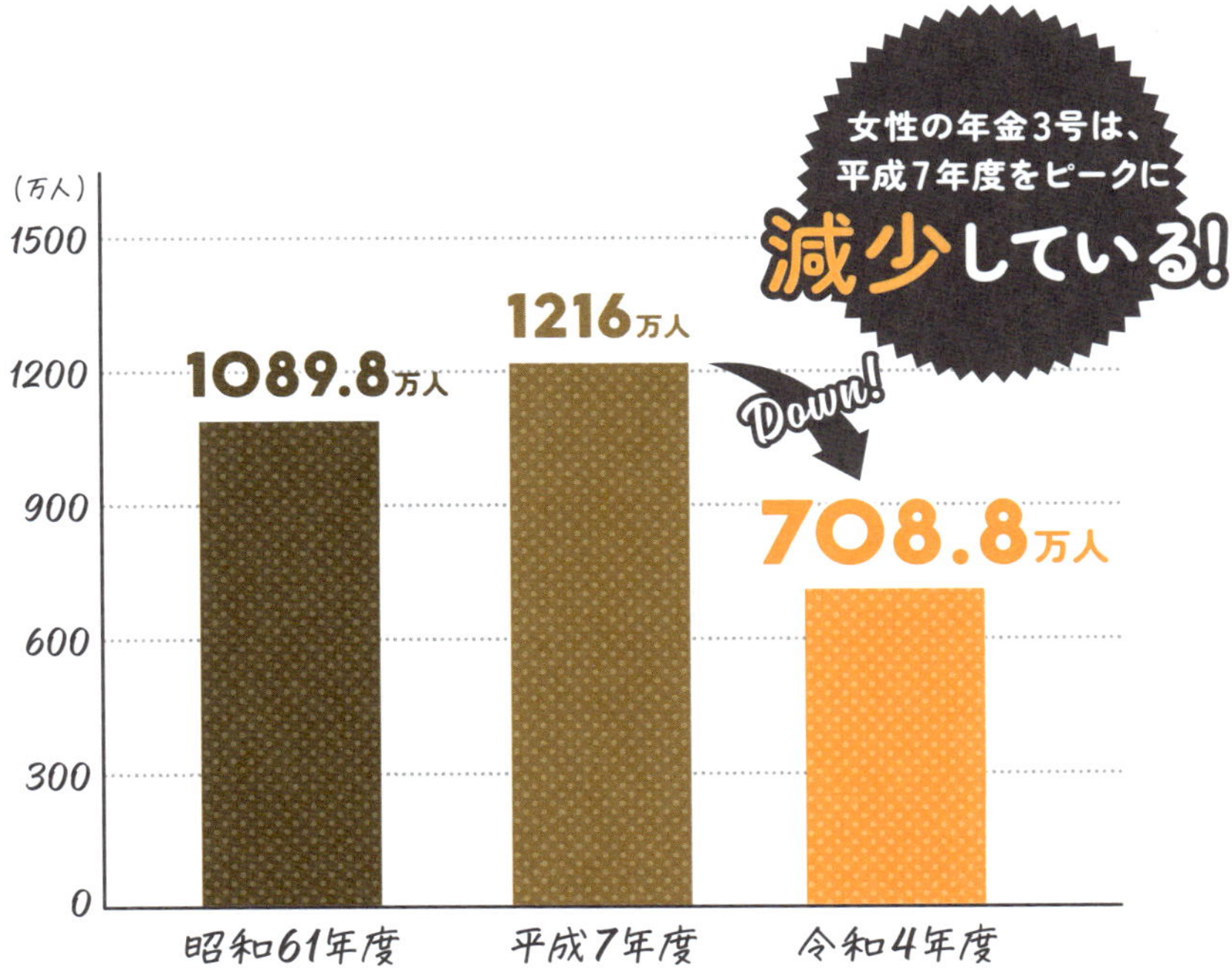

厚生労働省「厚生年金保険・国民年金事業年報」より作成

★令和元年度末時点では、35～59歳の女性の30%以上が年金3号でした。

健康保険料を払わない方法ってないですか？

扶養を外れて自分で社会保険に加入するメリットとして、健康保険も見逃せません。自分で保険料を支払うようになると、被扶養者（加入者に扶養されている家族）から被保険者（加入者本人）に変わります。被扶養者であっても保険の給付は受けられるので、「保険料の負担が増えただけ？」と思うかもしれませんが、実は、被保険者本人だけが受けられる給付もあります。病気やけが、出産で仕事を休んだときに無収入にならないための給付で、どちらも休業1日につき、標準報酬月額から算定した、1日分の3分の2に当たる金額が支給されます。

・傷病手当金

病気やけがで働けず、その間、通常の給与の支払いを受けなかったときの生活保障給付。会社を休んだ日が連続して3日間あったうえで4日目以降、休んだ日に対して、通算で1年6ヵ月まで支給。

先生の答え

A.

年金とセットなので諦めて。加入のメリットもあります

・出産手当金
出産のために会社を休み、その間に通常の給与の支払いを受けなかった場合、出産日以前42日から出産の翌日以降56日までの範囲内で支給。

会社ごとに加入する健康保険には、主に中小企業が加入する全国健康保険協会(協会けんぽ)と、大企業などが独自に運営する健康保険組合とがあり、保険料や給付がそれぞれ異なります。健康保険組合には独自の付加給付がある場合も。

いずれにしても国民健康保険よりも保険料が安く、給付が手厚いので、働くなら社会保険に加入できる働き方を選んだほうが、年金だけではなく健康保険の面でもお得でしょう。働いている会社の健保について調べてみると、「保険料を払う価値がありそう!」と納得できるかもしれません。

妻のギモン11

パートでも失業保険ってもらえるんですか？

失業したとき、仕事に関する教育訓練を受けたとき、育児のために休業したときなど……、働く人の就労と生活を守るための制度が雇用保険です。**年収の壁とは関係なく、パートやアルバイトでも一定の条件を満たせば加入することになります。**

条件1：1週間で20時間以上（※2028年10月から週10時間以上）の所定労働時間がある。
条件2：31日以上の期間、働く見込みがある。

加入すれば保険料の支払いが発生しますが、保険料は数百～1000円程度。**負担が少ないのにさまざまな給付を受けられるメリットがあります。**

また、業務上や通勤時のけがなどに対して給付される労災保険の保険料は会社が全額負担します。この2つを合わせて「労働保険」と言います。

先生の答え

A.

雇用保険に入っていればもらえます！

基本手当（失業給付）以外にも、さまざまな給付が！

傷病手当	病気やけがのために15日以上継続して仕事に就けない場合、基本手当に代えて支給される
再就職手当	基本手当の受給資格者が、給付日数が3分の1以上残っている状態で再就職した場合に支給される
就業促進定着手当	転職して6ヵ月の給与が転職前より低い場合に、最大で基本手当の残り日数分の20%が支給される
教育訓練給付金	➡ p108-109を参照
育児休業給付金	➡ p96-97を参照
介護休業給付金	家族の介護目的で休業した場合に、賃金額の67%が支給される

妻のギモン12

夫が、扶養でいたほうが得だと言い張ります

　いざ、働く時間を増やしたり、就職活動をしようとしても、「夫が反対するからやめました」という人は意外と多いもの。夫の真意はわかりませんが、もし、妻が扶養でいたほうが世帯収入のうえで得だと主張しているなら、説得の余地がありそうです。

「106万円の壁はなくなるよ。手取りが減っても、もう少し多く働けばマイナスを解消できるよ」

　お伝えしたとおり、世帯収入の減少に直結するのは106万円、130万円の「社会保険の壁」ですが、どちらも壁を少しだけ超えたときが一時的に損なだけで、年収が上がっていけば世帯収入も当然プラスになります。

「私が123万円の壁を超えても、あなたの収入には影響しないよ。関係するのは160万円だけど、それも段階的だし、世帯で見ればプラスだよ」

先生の答え

A.

世帯収入も増やせることを金額で示しましょう

夫の収入にかかわるのは、配偶者特別控除が減り始める150万の壁。これも160万円に引き上げられますし、それを超えたとしても、段階的に控除額が減っていくだけなので影響はわずかです。控除がなくなっても、妻の収入を増やしたほうが世帯収入は増えます。

「配偶者手当ってなくなる傾向だよ。あなたの会社もそのうちなくなるんじゃない?」

妻を扶養していることで配偶者手当をもらっている夫もいるでしょう。ですが、時代とともに縮小・廃止する会社が増えています。公務員の配偶者手当はすでに廃止されています。

気持ちだけではなく金額を示して伝えることが必要かもしれません。自分たち夫婦のケースに当てはめて、情報とデータを集めましょう。

用語集

「控除」【こうじょ】

一定の金額を差し引くこと。控除額が多いほど、税金が安くなるので得に。大きく分けると、税金を計算するときに課税対象になる所得金額から差し引く「所得控除」と、税金そのものを減らせる「税額控除」があります。多くの控除は自分で申告しなければなりません。

基礎年金【きそねんきん】

国民年金のこと。20歳以上60歳未満の日本に居住する全員に加入が義務づけられています。2つの名称があるようで紛らわしいのですが、同じ意味です。制度としては国民年金と表されることが多く、支給される年金は老齢基礎年金、障害基礎年金などと表します。

手当【てあて】

企業から従業員に対して支払われる、基本給以外の賃金。法律で義務づけられているもの(残業手当、休日手当など)と、企業が任意で支給するもの(住宅手当、出張手当など)があります。また、課税されるものと非課税のものも。労働条件通知書で確認します。

福利厚生【ふくりこうせい】

企業から従業員へ提供されるサービスの総称。健康保険、厚生年金保険、雇用保険といった「法定福利厚生」と、人間ドックなどの「法定外福利厚生」があります。最近は、従業員の健康や満足度が重視される傾向で、独自の法定外福利厚生を充実させる企業が増えています。

『ねんきん定期便』【ねんきんていきびん】

年金保険料納付の実績や、将来の給付についての情報をまとめた、日本年金機構からのお知らせ。毎年、その人の誕生月に送られてきます。記載されている給付額は、49歳までは今までの納付に応じた金額ですが、50歳以降は60歳まで保険料を納めた場合の見込額です。

CHAPTER

3

諦めなければ
私にだってできるかも?

子供がいても
自分らしく働くために

モッチモチ～♪
モチモチモッチ～♪
モッチモチ～♪
遊べて美味しい
もちもちグミ！
夏の味 新登場！
もっちもち～
紬ちゃん
このお歌
上手だね～
うんっ
小暮 彩美（33）
長女 紬（2）
このお菓子が
新発売された時
仕事で広告制作に
携わってた
200%
そのCMソングを
娘が歌うなんて
不思議な感じだな
そういえば
仕事を辞めてから
もう3年も経つのか
憧れだった
広告代理店に
デザイナーとして就職
縁があって
28歳の時に
結婚、そして妊娠をした
でも――
出血!?

切迫流産と診断され自宅安静に
その後はつわりが悪化して入院することになった
仕事に穴を開けてしまってみんなに申し訳ない…
でも安定期になれば復帰できるよね!?
彩美…
仕事ではいくらでも代わりがいるけどお腹の子を守れるのは母親だけよ
俺もそう思う
一旦、心配事を完全に取っ払って出産の方に集中しよう?
頼むから…全部俺のせいにしてくれていいから
仕事…辞めよう?
…わかった
母と夫の説得もあり退職した

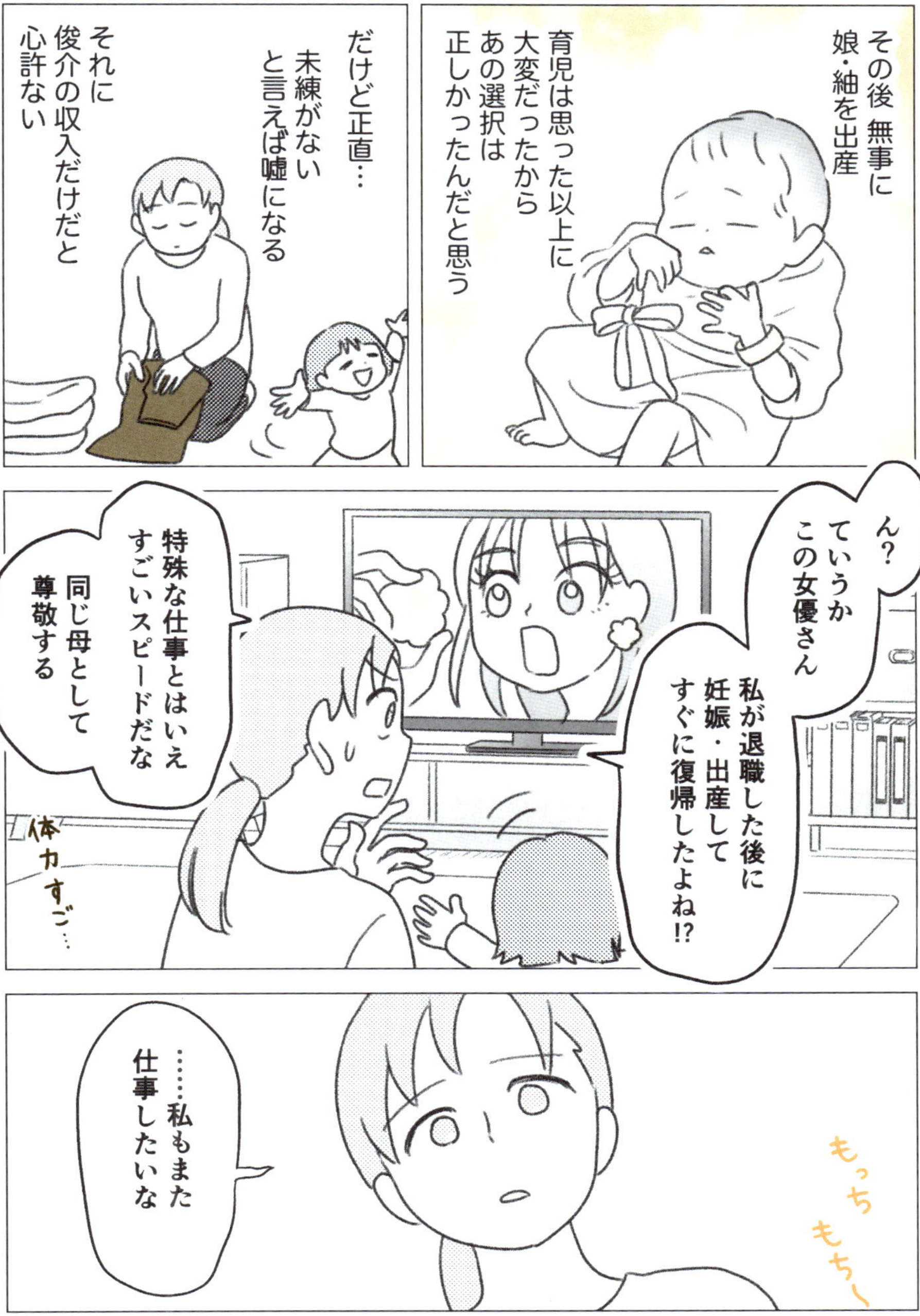
その後 無事に
娘・紬を出産
育児は思った以上に
大変だったから
あの選択は
正しかったんだと思う
だけど正直…
未練がない
と言えば嘘になる
それに
俊介の収入だけだと
心許ない
ん？
ていうか
この女優さん
私が退職した後に
妊娠・出産して
すぐに復帰したよね!?
特殊な仕事とはいえ
すごいスピードだな
同じ母として
尊敬する
体力すご…
……私もまた
仕事したいな
もっち
もち〜

たっ
たっ
たっ
〇〇区　幼稚園　保育園
近所にある！
認定こども園だと保育園と同等の預かりにも対応してくれるのか
ここに入園できたら仕事復帰できるかも
もしもし？柴田先輩ご無沙汰しております～小暮です！
実はご相談がありまして…
すぐ行動!!
翌週
元職場
う～～～ん
私も小暮ちゃんが戻ってきてくれたらすごく嬉しいんだけどね～～～～
前職の先輩
柴田
やっぱり厳しいですかね
時短勤務だとしても9時出社はマストなのよ
うちの業務的にクライアントのスケジュールが最優先でしょ？
バス
ほいくえ
8時までに子供を園に送り出して
それからバスと電車を乗り継いで…？

どう頑張っても家と職場の距離的に9時始業には間に合わない!!
俊介は早朝に出勤するから園に送るのは絶対に無理
AM 5:00 出発
今までのよしみで…なんとかなりませんか〜!?
そうしたいところだけど…
他にも子育て中の人がいるの知ってるでしょ?
みんな工夫して9時スタートに調整してくれてるのよ
小暮ちゃんだけ特例っていうのは…
カァ
カァ
甘かったな…
一つ躓《つまず》くと雪だるま式にいろいろなことが不安になってくる
とぼ
とぼ
今から早朝も対応してる保育園を探すのは現実的じゃない
それに

以前と同じように働けるだろうか
徹夜は当たり前だった
広告業界は爆速でトレンドが変わっていく
そんな世界に子育てしながらついていける？
うぉおおおお
できる人はできるんだろうけど
私にできる？？
…ってことで再就職どうしようって悩んでて
すーすー
えー無理して働かなくていいんじゃない？
そうは言ってもこれからいろんなことにお金がかかるんだから
でもさぁ今はそんなに生活に困ってないんだし…
どうしたんだろう？昔は私の仕事を応援してくれてたのに…

彩美が働き出したら俺も家事とかやんなきゃいけなくなるんでしょ？
無理だよ
あ…っ家に専業主婦がいることのメリットを手放せなくなってるんだ
周りに迷惑かけてまで無理して働かなくていいんじゃない？
君にとって大事なのは仕事なの？
子供なの？
なっ
何それ！
迷惑って何!?
仕事か子供かって私だけが葛藤するものなの？
なんの疑問も抱かず自由に働けてる俊介は何なの!?
………

数日後
CAFE
あー
うちもそんなこと
あったわ～
夫が現状に
満足しちゃって
先を見据えて
ないんだよね
聡子のところも!?
でも今は
仕事してるよね？
うん
だっていつまでも
夫だけに
頼ってられないし
私、元々は
コールセンターに
勤めてたんだけど
彩美と同じく
通勤時間が
障壁になって
復帰できなくて
迷走してたんだ
でも
簿記の資格が
あったのを思い出して
簿記
合格
経済学部卒
派遣に登録して
住宅メーカーの
事務職に就いたんだ
派遣？
うん
どこも人手不足だから
意外と時給も高くて
1600円とかも
ザラにあるよ
それに派遣会社の
社保にも入れる

コロナ禍を経て在宅ワークが多くなってきててね
週に1回出勤してあとは自宅で勤務してるの
勤続年数に縛りはあるけど私は逆にその方が助かってるかな
その時の家庭の状況によって働き方も柔軟に変えていこうかと思って
いろんな選択肢があるんだ
子育て中にはすごくいいね
子供が小さいうちはいろんな要素が絡み合って不安になるのは仕方ないよね
でも彩美は業界での実務経験があるのが強みじゃない？
国がやってるリスキリング支援制度もあるし
本を読むとか今できることはあるはずだよ
諦めて何もしないとせっかくのスキルが錆びついちゃう

そっか…
ありがとう
なんか勇気
もらったわ
もう少し
模索してみる！
その後
私は元いた会社や
自分で開拓した
企業から
外部委託という形で
デザイン業務を
請け負うことにした
子育てをしながらも
細々と仕事を継続し
夫とも話し合って
家事を分担
するようになった
独身の頃のように
思い通りには
業務をこなせないけど…
ママ
上手だね～♡
ありがとう
私やっぱり
この仕事が
好きだな

そんな風にコツコツ働き続け
子供が小学生になった時
独立することになったんだ
よかったらうちで一緒に仕事してみない？
柴田先輩…！
はいっぜひお願いします
収入が大幅にアップ！
…なんて都合よくはいかないけど
個人では引き受けられない大きな案件に取り組めるようになった
あの時諦めないで動き続けてよかった！

妻のナヤミ1

育児と仕事、両方なんて無理。退職したいです

妊娠・出産による体の変化はもちろん、生活自体ががらりと変わるので、「仕事に戻るなんて無理かもしれない」と不安になるのは当然です。この先ずっと育児をしながら働くことにプレッシャーを感じて、途方にくれることもあるでしょう。

「とりあえず、いったん会社を辞めよう」という考えは、その時点においては気分を軽くしてくれるかもしれませんが、長い目で見ると実は悪手です。

たとえば、子供が小学校に入学するくらいまで期間限定で休むつもりだとしても、6〜7年後に再就職するのは決して簡単ではありません。仕事のやり方やITは目まぐるしいスピードで進化していて、どんなスキルもアップデートしていかなければすぐに古びてしまうからです。

数年間なにもせずに仕事の世界から離れることは大きなリスク。不安があったとしても、育児休業をとって復帰するのが今の時代、ベストな選択です。

先生の答え

A.

いったん会社を辞めたら最後！辞めるのを止めましょう

働く女性の割合を
昭和、平成、令和で比べると……

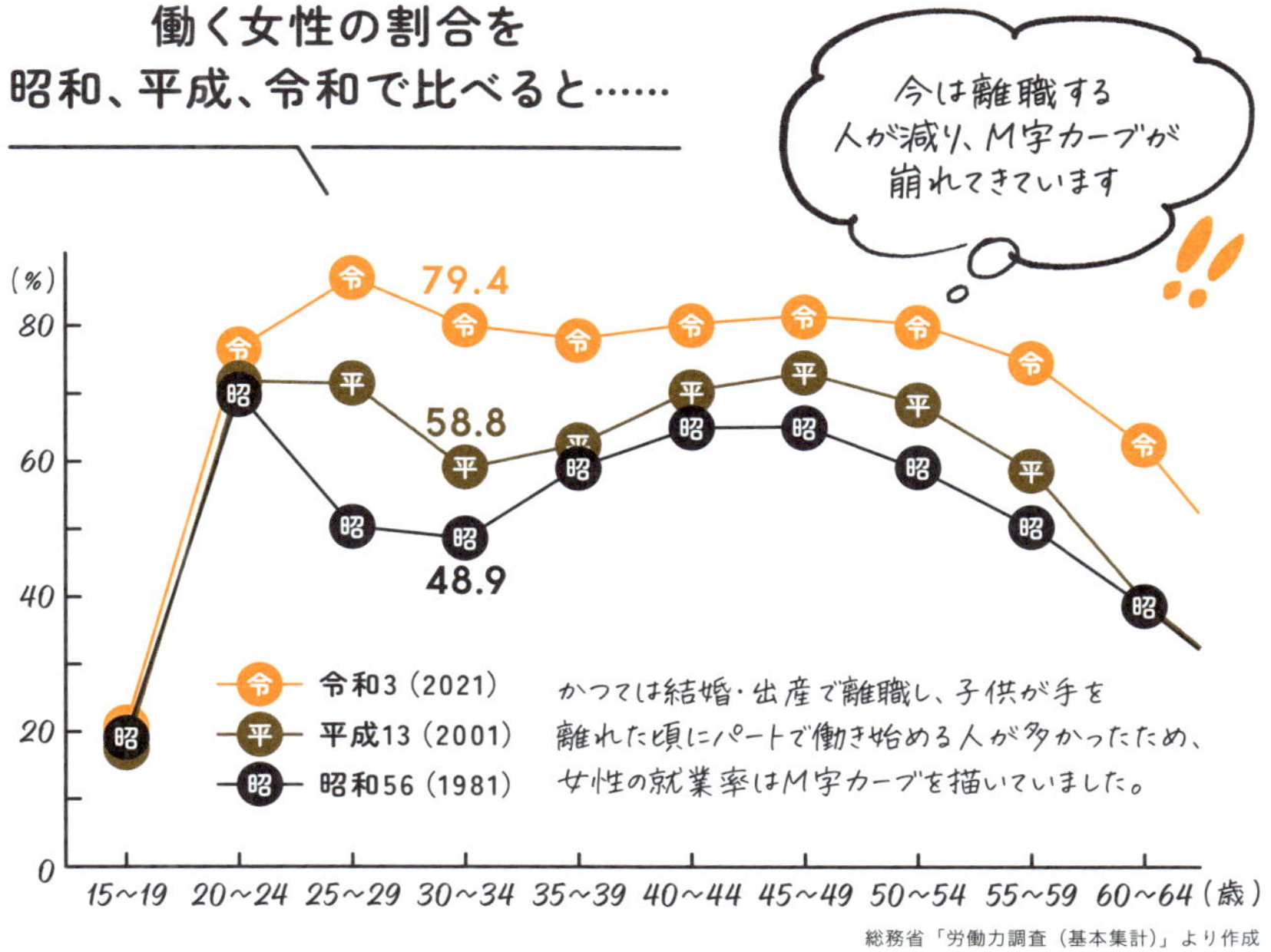

総務省「労働力調査（基本集計）」より作成

育休中にお給料の全額をもらえるって本当？

育児休業中の収入減を補うために、２０２５年４月から新たに「共働き・共育て」の推進を目的として「出生後休業支援給付」が始まります。**要件を満たせば手取り収入の１００％相当が支給されます。**

これまでの育児休業給付金（賃金の67％）に、出生後休業支援給付金（賃金の13％）が上乗せされて80％に。給付金には税金や社会保険料がかからないので、実質的には手取りのほぼ１００％になるというわけです。最大28日間まで支給され、夫婦合わせると2ヵ月近い期間に。育休中の経済的な支えになるのではないでしょうか。

ほかにも、復帰後に時短勤務する人のための「育児時短就業給付」など、働きながら子供を育てる〝ワーママ〟への支援は手厚くなってきていますが、そもそもの話として、**育児休業給付金は雇用保険に加入していないともらえません。**働き方によって受けられる支援が変わることを知っておきましょう。

先生の答え

A.

賃金の80%＝手取り月収の100%がもらえます

2025年4月スタート！ 育児を支援する制度

出生後休業支援給付

- 出生後（女性は産休後）8週間以内に、両親とも14日以上の育児休業を取得するのが要件。
- 手取り100%相当を受け取れるのは最大で28日間。

※給付の上限額は31万円。
※夫婦どちらかが専業主婦（夫）の場合やひとり親の場合は、1人が14日間以上の育児休業を取得すれば28日間まで支給される。

育児時短就業給付

- 育休後に2歳未満の子供を育てるために時短勤務する場合、労働時間、日数の制限なく、各月の賃金の10%が支給される。

保育園の審査落ちました。育休が終わっちゃうのに！

育児休業は、原則として子供が1歳を迎えるまで。ただ、すんなりと保育園に入れないこともあるので、延長を申請できるようになっています。**1度目は子供が1歳6ヵ月まで。それでも入園できなければ2歳まで再延長できます。**ただ、2025年4月から延長の審査が厳格化されることになりました。申請する際、市区町村から発行される「入園を希望しているけれどまだ入れません」ということを証明できる書類などが必要になります。

保育園に入れないケースではなくても、「パパ・ママ育休プラス」という制度を使って、育児休業を延長する方法があります。**両親がともに育児休業をとることで、子供が1歳2ヵ月になるまで休業期間が延長される制度です。**この制度では、妻と夫の休業期間が重なってもいいし、交代で休業してもいいので、家庭の事情に応

先生の答え

A.

2年まで延長できます。もちろん夫も育休をとるのですよ

じてうまく利用しましょう。

夫の育休については、子の出生後8週間以内に28日間まで取得できる「産後パパ育休」というものもあり、これは、96ページの「出生後休業支援給付金」を受給するための要件にもなります。

こうした制度が設けられていることからもわかるように、**今、男性の育休取得が推しに推されています。** 取得率はようやく30％を超えました（従業員1000人以上の企業では46％）。

仕事をしながら子供を育てるのは、なにも女性だけではありません。育児のために女性だけがやりたい仕事を諦めたり、昇進できなかったりすることがないよう、法改正や新制度による支援はこれからも手厚くなっていく傾向です。

★2025年4月から「子の看護休暇」が「子の看護等休暇」となり、小学校3年生修了までの子供に対象が拡大されました。

社員は大変そうなのでずっとパートがいいです

あらためて、パートでの働き方について考えてみます。**法律上は「短時間労働者（パートタイム労働者）」。**第2章で解説した年収の壁を意識しつつ、夫の扶養の範囲内で働いている人も多いでしょう。

「税金や社会保険料を払わなくても年金は一応もらえるし、夫の健康保険も利用できて、いいことずくめ！」とはいえません。デメリットもあります。

① 自分の年金額を増やすことができない
② 傷病手当金をもらえない
③ 勤め先の福利厚生を利用できない
④ 企業型DCに加入できない
⑤ 社会で一人前とみなされないことがある

①〜③は、第2章で解説したとおり、**社会保険に加入するメリットや会社独自の福利厚生を享受できないという点です。**

先生の答え

A.

パートは損な働き方。実はかなりもったいない！

④は、企業年金にあたる企業型確定拠出年金のこと。企業が掛け金を拠出し、社員が各自で運用して、将来、年金として受け取れる制度です。会社にこの制度があっても、厚生年金被保険者でないと加入できません。

⑤は、会社や社会の側の偏見です。**正式なメンバーとみなされていない立場では、仕事のやりがいを感じにくくなってしまいます。**また、「パート主婦」という響きには、夫に養ってもらっている人、付随する人のようなニュアンスが含まれているとも感じられませんか。

同じ職場で働いて、その会社の売り上げに貢献しているにもかかわらず、目に見えない線が引かれている……パートなどの非正規は、虐げられた働き方と言わざるをえません。自分の働きに見合った待遇を受けるためにはどうすればいい？　という視点を持つことが大切です。

★アルバイトも同じパートタイム労働者ですが、なぜか主婦だけを「パート」という慣習が根づいています。

社員とパートの収入、どのくらい違うの？

年収の壁問題など、妻の働き方が取りざたされるときは必ずといっていいほど、〝世帯の手取り〟が損得の判断基準とされます。でも、本書は妻のお金の本ですから、世帯のことはさておき、妻自身の収入で比較してみましょう。

左ページの図は、働き方によって生涯の収入がどのくらい違ってくるかのイメージです（夫の収入を同一として試算）。**出産後も継続して正規の正社員として働いた場合は、10年後にパートで働きに出たケースと比べて生涯収入は3倍近くにもなります。**

年金額にもかなりの差があります。厚生年金の額は働いた年数とその間の平均年収で決まるので、同じ期間働いても年収が高い人のほうが年金額も高くなります。

年収の壁を超えてパートでどれだけ長時間働いても、正社員の年収には及ばず、将来の年金額の差も大きいのです。

先生の答え

A.

生涯で約1.7億円の差がつくと試算されています

働き方によって生涯年収がこれだけ違う!

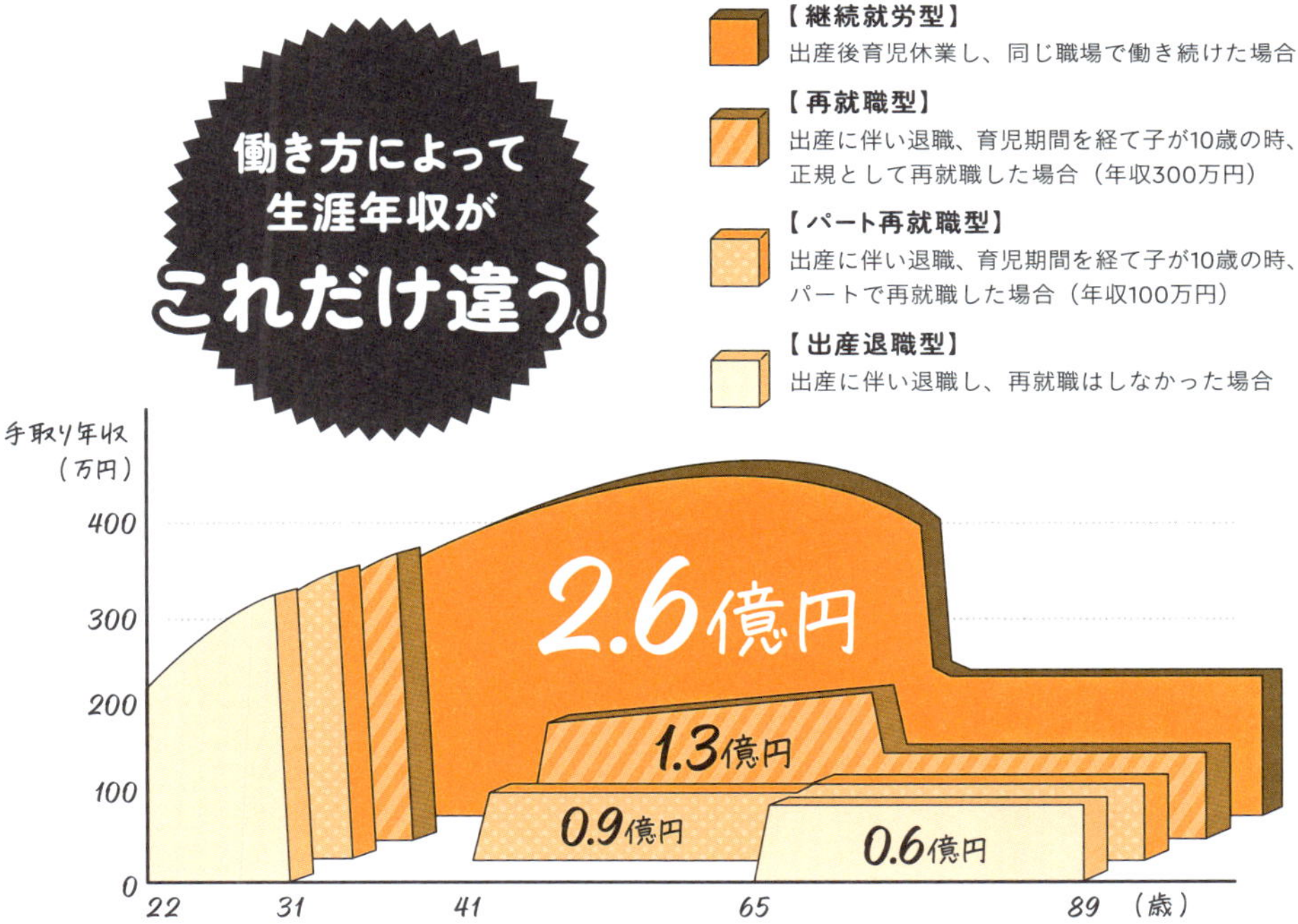

「東京くらし方会議」広報資料より作成
※31歳で出産したケースを想定。

★「生涯年収」には年金受給額も含まれることに注目!

妻のナヤミ6

ハローワークで仕事を探すのがいちばん確実？

職探しといえばハローワーク、と思い込んでいる人も多いようですが、その先入観は捨てましょう。民間の求人サイトのほうが探しやすいはずです。ハローワークは行政のサービス機関なので特別な信頼感があるのかもしれませんね。ただ、そこに求人を出している企業の質まで保証してくれるわけではありません。

要注意なのは、しょっちゅう募集をかけている企業。その会社はそれだけ離職する人や長続きしない人が多いということですから、なにか問題があると推察できます。条件で検索するだけだと、そういう求人にばかり応募してしまいがちです。

これは民間の求人サイトなどでも同じことがいえますが、**求人用の会社紹介や業務内容、条件面だけを見て、よさそうだからと飛びつくのは危険。**そこを入り口に、いろいろなアプローチで情報収集をしてから応募の是非を判断しましょう。

先生の答え

A.

ちょっと待った！意外な落とし穴があります

再就職先探しには、デジタルツールと人脈を活用

1. 以前勤めていた会社

真っ先に問い合わせるべきはここ。その会社で募集がなくても、関連企業などを紹介してもらえる可能性もあります。

2. 民間の求人サイト

情報量はもっとも多く、充実しています。掲載情報だけを鵜呑みにせず、興味を持った企業についてはさらに情報収集を。

3. 転職エージェント

キャリアに応じた企業を提案してくれたり、応募書類作成のアドバイスなども受けられます。ブランクが短い人向け。

4. 知り合い

今も昔も、人の紹介で仕事が決まることは多いもの。すべての求人情報がインターネット上にあるとはかぎりません。

妻のナヤミ1

時短勤務のはずなのに残業してます(泣)

子育てしながら働ける環境を求めて就職・転職したのに、勤務する場所や時間、仕事内容などを会社側の都合で変えられてしまってはたまりませんよね。

こうした諸条件についての取り決めは、採用時に必ず書面などで交付される「労働条件通知書」に記載されていて、雇用する側もされる側も守らなければいけないものです。

雇用する側が労働条件通知書を交付することは、労働基準法で義務づけられています。どうしても立場の弱い労働者が不当に解雇されたりしないように、労働基準法、労働契約法といった法律が定められているのです。会社になにか要求するのは気が引けるかもしれませんが、わがままでもなんでもありません。労働条件通知書と違うことがあれば、**労働者の権利なのでしっかりと申し出ましょう。**会社側が対応してくれなかったら、法テラスなどを通じて弁護士に相談することもできます。

先生の答え

A.

自分を守るために労働条件をしっかり確認しましょう

働く前に労働条件通知書の項目をチェック！

- 労働契約の期間
- 期間の定められている労働契約の場合、更新についての決まり
- 仕事をする場所
- 仕事の内容
- 始業と終業の時刻、残業の有無、休憩時間、就業時転換（シフト）
- 休日、休暇
- 賃金の決定方法、支払い時期、支払方法
- 昇給・賞与の有無
- 退職についての決まり

★「法テラス」とは、法的なトラブルを解決するために国によって設立された総合案内所です。

妻のナヤミ8

資格を取りたいけどお金がかかりそう……

働く人のスキルアップ、キャリアアップのための公的な支援制度はどんどん充実してきています。利用しない手はありません。

「教育訓練給付制度」は、厚生労働大臣の指定を受けた講座を受講すると、受講料の一部が支給されるというもの。**在職者または離職後1年以内で、雇用保険の被保険者だった期間1年以上などが条件です。**

資格の専門性に応じて「専門実践」「特定一般」「一般」と3つに分かれていて、約1万6000もの講座から選ぶことができます。

仕事の幅が広がりやすい「一般」をとりあえず受講しがちですが、いつでも取り組めそうなものよりは、**難易度の高い「特定一般」「専門実践」から挑戦することをおすすめします。**給付金の受給には、「訓練前キャリアコンサルティング」を受ける必要があります。まずは市販のテキストなどで勉強してみて、自分に合いそうな資格を見きわめましょう。

先生の答え

A. 学んで給付金をもらえる制度を活用しましょう

［スキルアップを支援する教育訓練給付制度］

一般教育訓練給付 | 簿記・TOEICなど

受講費の20%（上限10万円）

特定一般教育訓練給付 | 介護支援専門員実務研修など

最大で受講費の50%（上限25万円）

専門実践教育訓練給付 | 看護師・調理師など

最大で受講費の80%（上限年間64万円）

★転職希望者のための「リスキリングを通じたキャリアアップ支援事業」もあります。

聞いたことあるけど実はよくわからない！

用語集

『育児休業給付金』

【いくじきゅうぎょうきゅうふきん】

育休手当ともいいます。育児休業中に収入が減ってしまうのをサポートするもので、会社ではなく雇用保険から出る給付金です。育児休業に入る前に一定以上の就業日数が必要といった条件もありますが、雇用保険に加入して働く人なら男女問わず受給できます。

〝企業型DC〟

【きぎょうがたDC】

正式には、企業型確定拠出年金。企業年金・退職金制度の一つです。企業が従業員の年金口座に毎月掛け金を積み立てて、従業員は決められたラインアップから投資信託などの商品を自分で選び、運用する制度です。退職後に受け取れる金額は、運用の結果次第で変わります。

「労働基準法」

【ろうどうきじゅんほう】

すべての労働者を守るための、労働条件の最低ラインを定めた法律。賃金、労働時間などさまざまな基準が設けられていて、雇用者（会社）は、この基準を無視した労働の強制や、解雇はできません。雇用者が違反した場合の罰則も設けられています。

労働契約法

【ろうどうけいやくほう】

雇用者が労働者と雇用契約を結ぶときに守るべきルールを定めた法律。労働条件や契約変更などについて、会社側と働く側とが対等な立場で合意することを原則としています。労働基準法と違い罰則はありませんが、これも立場の弱い労働者を守るための法律です。

「リスキリング」

「職業能力の再教育」を意味する言葉。業務のデジタル化、働き方の変化などに伴って、新しいスキルや知識を習得できるようにする取り組みです。似た言葉にリカレント教育があり、こちらは社会人が生涯にわたり学び続け、仕事と学習を繰り返すことを指します。

CHAPTER 4

わが子に苦労はさせたくないから

家計の泣きどころ、教育費で失敗しない！

わ〜〜〜 お腹ふっくらしてきたね〜
今何ヵ月？
6ヵ月！ やっとつわりが終わっていろいろ食べられるようになったよ
じゃあ今日は美味しいものいっぱい食べよう！ 生まれたらゆっくりできないし
今日はさ先輩ママである二人に子育てのことをいろいろ教えてもらおうと思って
じゃんじゃん聞いちゃって！
なんでも答えるよ
じゃあ… いきなり突っ込んだこと聞いていい？
どうぞ☆
子育て費用って実際のところ
どう!?

いきなりきたね～！
でもそうだよね一番心配になるのはお金だよね
美香は大学卒業してすぐに妊娠・出産したよね
そうそう今娘たちは小5と中2なんだ
中2
小5
それぞれ教育費えっぐいよ～
上の子が中学受験したんだけど
幼少期から算数教室行って小4からは中学受験専門塾に行ったんだ
算数脳
中学受験アカデミー
成績推移
その費用が年間100万とかするのよ
えっそんなに!?
6年生になれば通常授業のほかに特訓講座があるからさらにね…

夫の両親がかなり援助してくれたから助かったけど…
遠慮しないで〜
で今私立中学通ってるんだ？
うんご縁のあった学校にね
進学してからもすごいよ
通常の学費以外にも部活動とか
カナダへの短期留学とか別途費用がかかるからさ
何より友達同士の付き合いがね…
夢の国行こ〜
お金がかかるような遊び方が普通なのよ
比較的裕福なご家庭が多いみたいで
お金の管理について話し合ってるんだけどそれでも経済的な理由で交友関係に支障が出たら可哀想だし
女子は特に難しいよね…
これから下の子も受験なんだけどもうすでにヘトヘトだよ

旦那はさ
俺の実家が支援してくれてるんだしなんとかなるだろ〜
——なんて呑気に言ってるけど
それをアテにするのも違うじゃん？
うん
大学まで持つか⁉って不安は常に付きまとってる
私も働いてるけど迂闊に怪我も病気もできないよ
10代の子育てってそんな感じなんだ…
聡子はどう？今メルちゃん幼稚園の…
うん今年中さん習い事で毎日忙しくってさー
何やってるの？
んーとね

月曜は英会話教室
火曜はプログラミング教室
水曜はスイミングで
木曜はピアノ
金曜は絵画教室だよ
そんなに!?
平日みっちりじゃん!!
可愛い一人娘だからね…
可能性に溢れてる時期でしょ?
なんでも挑戦させてあげたいの

でも
習い事だけで
結構な出費でさ
だろうね
アップライト
ピアノも
２００万円くらい
ひぃ〜ッ
私たちの
幼少期とは違うよ
発表会に
出るにも
参加費や
衣装代がかかるし
他のも検定が
こまめにあるから
お月謝以外にも
かかるんだよね
かわいいけど
あの…
習い事で
将来の職業を
決めるわけじゃないけど
可能性の話としてさ
ピアノが
うまくなったとして
音大？
絵がうまく
なったとして
美大？

プログラミングを極めるとしたら理系に進学？
未知すぎるけど
英会話は英語力を維持するためにずっと続けていないといけないよね
美香の所みたいに語学留学に発展するのかな
スイミングは4泳法マスターしたら辞めてもいいと思ってるけど…
自分が小学生の時ジュニアオリンピック選手だった子がいてすごくかっこよかった
ザパアッ
ちょっと憧れもあるんだよね
本当は空手とか剣道みたいな武道もやらせたいけど時間もお金も足りない！
ちょちょちょあんた詰め込みすぎだよ
夢に溢れまくってるのはいいけど出費も溢れまくってるよ…

ねえ
美大と音大の学費
調べてみたん
だけど…
そ…
えっ
半期で80万円!?
嘘でしょ!?
理系は
学部にもよるけど
院まで行くのも
普通らしいね
大丈夫そ?
ちょっとハイに
なってない?
ガタ
ガタ
ガタ
ガタ
ちょっと
習い事
絞ろうかな…
あ、ねえ
児童手当も
振り込まれるんだよね?
それじゃダメなの?
うちは全額
通帳に貯めて
手をつけないでいる
○×銀行
貯金
今まで
所得制限があって
うちは対象外
だったんだ
でも所得制限が
撤廃されたから
少しマシに
なったかな

子供の医療費が
実質無料になったり
給食費も都が負担
してくれたり
子育て支援は
少しずつ進化
してるんだけど
おくすり
物価高の方が
すごくて…
はぁ…
塾代や習い事代には
基本、補助はないしね
成長スピードも
早いから
被服費も地味に
のしかかってくる
思春期は食費も
すごい飛ぶよ〜
面白いくらいに
何より
将来の学費を思うと
児童手当だけじゃ
全然…
そうなんだ…

私は3年前まで
奨学金の返済を
続けていた
結婚する時も
そのことで
夫の両親には
苦い顔を
されてしまった
自分の生活で
精一杯だったから
妊娠を後回しにして
しまったのもある
わが子には
そんな思い
させたくない
お金のこと
考え出すと
気持ちが暗く
なるけどさ
可愛いわが子だからこそ
可能性に投資したいのよ
そうそう
反抗期で憎たらしい
時もあるけどさ
子供本人に
才能があっても
親の経済力のせいで
選択肢が狭まるのは
避けたいしね
子供の
ためって思うと
働き甲斐も
あるしね！

これから生まれる
子供のために
私はどんなことが
できるんだろう
出産・入院準備も
まだだけど
実はもっともっと
先のことを考えないと
いけないのかな
私、もっと
いろいろ
調べて
子供のために
貯金する！

妻のキボウ1

子供の教育費、いくら貯めればいいですか?

子供1人にかかる教育費は、平均で1000万円などといわれますが、これほど〝平均〟が参考にならないものもないでしょう。学校だけではなく、塾、習い事、部活、留学など、さまざまな出費があり、**総額いくらになるかは、家庭の方針や子供の進む道によってあまりにも違うからです。**

お金をかけようと思えば際限なくかけられますし、節約しようとすると子供の選択肢を狭めてしまうことにも。親としては悩みどころですが、いずれにしても、大学入学時に向けて、**生まれたときから計画的にお金を貯めることがポイントです。**

一方で、介護費や老後資金とは違い、教育費は、「どのタイミングで」「どのくらいのお金が」かかるかをある程度、想定できるのがいいところ。**貯蓄計画のロードマップを描きやすいのです。**

ぜひ一度、幼少期から大学を卒業するまでの進路を想像して、費用を書き出してみましょう。

先生の答え

A.

「普通」がないのが教育費。シミュレーションしてみましょう

公立と私立で教育費はどのくらい違う?

AとBの差は2倍以上!

case A	中学・高校・大学、すべて公立	560万円
case B	中学・高校・大学、すべて私立	1,190万円
case C	中学・高校は公立、大学は私立	760万円
case D	中学は公立、高校・大学は私立	920万円
case E	中学・高校は私立、大学は公立	990万円

中学から四年制大学までの、10年間の総額で比較。
大学は文系学部を選択する場合。

文部科学省「令和3年度子供の学習費調査」等から作成

★国公立大の授業料は年額約53万円ですが、値上げする大学も増えています。

妻のキボウ2

児童手当のいちばん賢い使い道は何ですか？

2024年10月から児童手当が拡充されました。

・所得制限がナシに
・高校生まで延長（18歳になる年の3月末まで）
・第3子以降は3万円に増額（第1子・第2子の場合、3歳未満は月1万5000円、3歳以上は月1万円）

また、支払回数が年3回から年6回になり、2ヵ月に一度、支給されます。

さて、このお金をどうするか？　とくに決まりはないですし、生活費に充てることも想定されている使い方の一つです。とはいえ、**先々のことを考えると、やはり「貯金」がおすすめ。**高校生年代まで延長されたことで、生まれてから高校卒業まで貯めておけば234万円になります（第1子か第2子の場合）。これは、大学の初年度納付金と入学準備費くらいに相当する金額。子供にもっともお金がかかるタイミングなので、非常に助かるはずです。

先生の答え

A.

使わず貯めれば、約230万円になります

児童手当における第3子の定義に注意！

児童手当で第3子とされるのは、
第1子が22歳の年度末まで。
必ずしも3人目以降の子が18年間にわたって3万円もらえるわけではありません。

例）

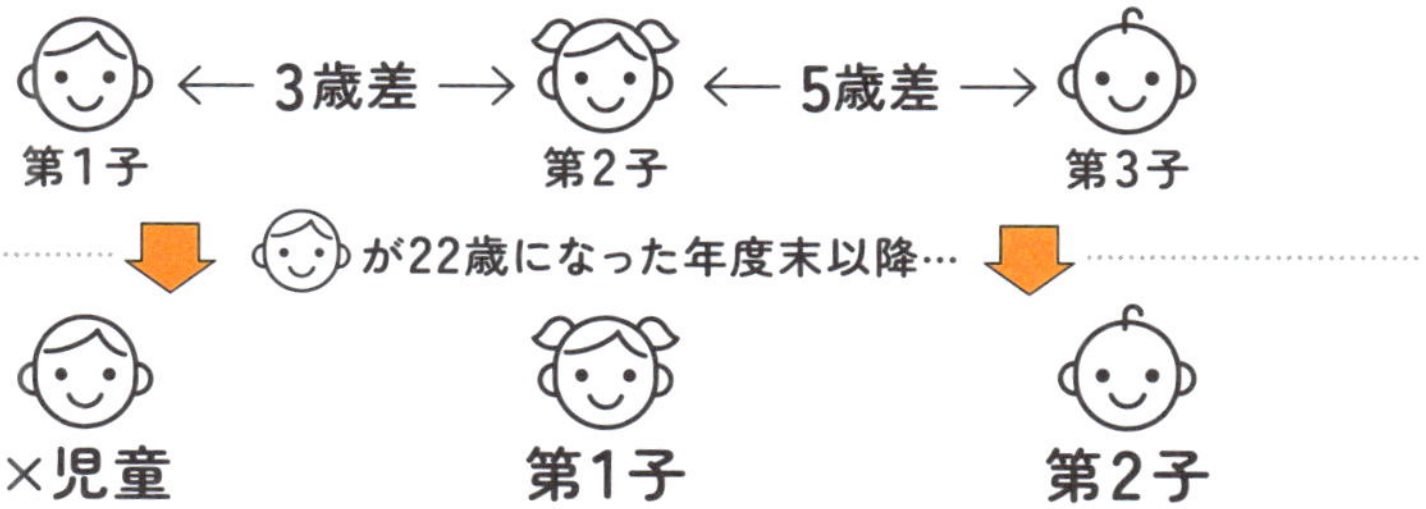

とが8歳差なので、
が月額**3**万円をもらえるのは**15**歳の年度末まで。

★もしも第3子の児童手当を18歳まで貯められたら約650万円に！

妻のキボウ3

親から学資保険に入るよう言われたけど……

昭和の時代から根強い人気がある学資保険。今でも「子供が生まれたら学資保険に入るのが常識」と信じている人も多いようです。

学資保険は、文字どおり学費を準備するための保険で、保険料を払う期間と受け取るタイミングを設定できるのが特長。たとえば0歳から10年間、毎月保険料を払い、大学入学の18歳で満額を受け取るといった選択ができます。

契約者である親に万が一のことがあった場合には以降の保険料の支払いが免除され、子供が亡くなった場合にも死亡給付金が支払われます。**生命保険と貯蓄を兼ねた商品なので、その分、支払う保険料が高くなっていることを意識しましょう。**

昔は保険の金利が高かったので、払った金額より受け取る金額のほうが多くなりお得だったのですが、今はどうでしょう。金利が低いため、**保険の特**

先生の答え

A.

貯蓄と保険は「混ぜるな危険」と覚えてください

約をつけたり途中で解約したりすると、返戻率が100%未満、つまり、受け取る金額が払った金額より少なくなる（元本割れする）ことがあり、注意が必要です。また、受け取りのタイミングを4月に設定していたために、初年度の学費を払うのに間に合わなかったという失敗談もよく耳にします。

学資保険がなぜ元本割れしやすいのかというと、子供と親、両方の死亡保障が含まれていて、保険にかかるコストが高いからです。子供の死亡保障は必要ないので、親だけが掛け捨てなどの生命保険に加入していればいいでしょう。

本来、お金を貯蓄・運用することと、万が一に備えて保険に入ることはそれぞれ別の目的なはず。この2つが一緒になった貯蓄型の保険商品は、学資保険以外にも外貨建て保険などさまざまなものがありますが、おすすめしません。

★学資保険の返戻率（％）＝受取総額÷払込保険料の総額×100

妻のキボウ4

Q. 私の親にお金を出してもらうの、ありですか？

身内であっても、一定以上の金額を贈与すると税金がかかってしまいますが、課税なしで生前贈与する方法もあります。

まとまった大きな金額を援助してもらうなら、「教育資金の一括贈与」の手続きを。条件を満たせば、最大1500万円まで非課税になります。

・父母、祖父母など直系尊属からの贈与のみ
・受け取る子供（孫）は30歳未満
・金融機関等で教育資金管理契約を結ぶ
・教育費に使ったと証明できる領収書などを提出

といった条件があるほか、贈与を受けた子供（孫）が30歳になるまでに使いきれなかった残額が110万円を超えていれば、贈与税が課されます。

この制度は2026年3月末までの期間限定です（延長される可能性もあります）。

先生の答え

A.

ありです！
教育費は1500万円まで
非課税にできます

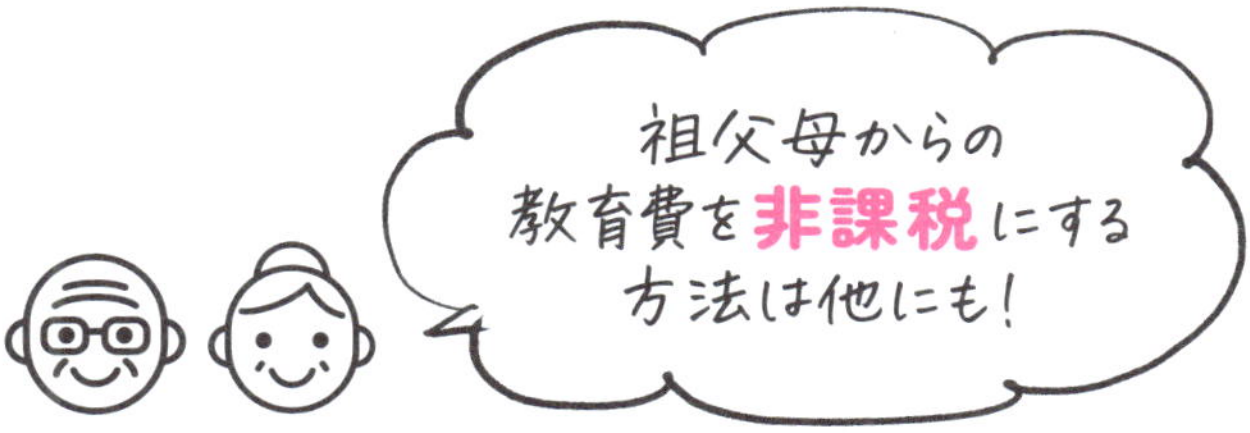
祖父母からの
教育費を非課税にする
方法は他にも！

祖父母が学費などを都度贈与する

入学金や授業料などを祖父母が払うことは課税対象にはなりません。
祖父母の口座から直接学校に振り込むなど、
教育費として支払ったことを証明できるようにしておきましょう。

1年間にもらう金額を110万円以下にする

年間110万円以下なら贈与税がかかりません。
ただし、毎年定期的に110万円もらっていると定期贈与とみなされ、
課税されることも。

妻のキボウ5

Q.

才能が開花するかも？ 習い事を減らせません！

英会話、ピアノ、ダンスにプログラミング。小さなうちから習い事を始めれば、才能や適性を見つけてあげられるかもしれないという気持ち、よくわかります。私もそんな親の一人でしたし、子供の習い事にはずいぶんお金をかけましたが、その投資に見合った成果が得られたかというと……。

ピアノを習っている子のうち、将来、本気で音楽の道をめざせるような子はあまりいませんよね。幼少期から始める英会話も、ちゃんと一生ものになるかは疑問です。

酷なようですが、子供時代に週1回通っている程度の習い事は、体験の一つとしては価値があるものの、**将来に直結することはかなりのレアケース。その子の人生を支えるスキルになるほどのものが身につくわけでもない**と、どんな親も薄々わかっているのではないでしょうか。

先生の答え

A.

親の自己満足になっていないか、見つめ直しましょう

何が言いたいかというと、お金をかけるべきはそこじゃない！　ということ。

今どきのお稽古にかかる費用は月1万円以上が当たり前。**周りのお友だちがみんなやっているからといって、家計のなかから無理をして習い事代を捻出していると、将来の大学進学へ向けた備えができなくなってしまいます。**

夫一人の収入では当然足りなくなるので、妻が習い事代のためにパートを始めるケースもよくみられます。もっと習い事をさせたい→夫の収入だけじゃ足りない→パートで補塡、という自転車操業のようなやりくりは、大変なわりに実はそれほど子供のためになっていないかもしれません。

お金の面では、目先の習い事代よりも、将来の大学進学に向けた貯蓄を優先すべきです。

妻のキボウ6

大学の学費さえ貯めておけば万全ですよね

学費というと、入学金や授業料など、実際に通う大学に支払うお金をイメージしますよね。でも、それ以外にも**受験のための費用や合格に至るまでの塾代などもかかってきます。**

さらに、自宅から遠い大学を受験する場合は、受験期間の宿泊費や交通費などもかさむので、トータルでいくらかかるかはケースによってさまざま。

いざ受験が目前に迫ったときに「払えない！」という事態にならないよう、事前に見積もって、自己資金が足りなければ教育ローンで資金を借りるなどの対策を早めに検討する必要があります。

目安となる金額を左表にまとめました。

子供の大学受験を経験すると「想像していたよりお金がかかった」という実感を持つ人がほとんど。

将来、物価が高くなれば、学費とともに、学費以外の諸費用もさらに上がると思われます。

先生の答え

A.

受験～入学時の他の出費もチェックしましょう

出費は大きく分けて4つ！

1 **塾代** ……………… 年間34万円～65万円
（学期ごとの授業料、夏期・冬期講習、模擬試験など）

2 **受験** ……………… 10万円～23万円
（入学願書代、受験料、交通費、宿泊費など）

3 **入学準備** ……………… 41万円～117万円
（教科書・教材代、新生活用品、引っ越し代など）

4 **初年度納付金など** ……… 82万円～157万円
（入学金、授業料、入学しない大学への入学金など）

文部科学省「令和３年度子供の学習費調査結果の概要」、全国大学生協連「2023年度保護者に聞く新入生調査」概要報告、文部科学省「令和５年度私立大学入学者に係る初年度学生納付金等平均額（定員１人当たり）の調査結果について」などから試算。

★約４割の受験生が、入学しなかった併願校にも入学金を払っています。

妻のキボウ7

奨学金で大学にいくのはわりと普通ですよね？

働いている20〜30代のなかには、奨学金の返済が続いている人も多いのではないでしょうか？

多くの人が利用する貸与型は、奨学金とはいえ実質は借金です。本人が時間をかけて返済しなければならず、将来、結婚や住宅購入を検討する年齢になっても負債が残ってしまうことがあります。

一方、給付型の奨学金なら返済は不要。日本学生支援機構（ＪＡＳＳＯ）のほかにも民間の制度があり、学力や世帯収入などの条件を満たして採用されれば、奨学金を受け取れます。

子供に借金を背負わせずにすめば、それに越したことはありません。給付型も増えてきているので、条件を満たせるものがないか調べてみましょう。

公的な制度では、年間約91万円の給付型奨学金と併せて、入学金（最大約28万円）と授業料（最大約70万円）の減免を受けられる「高等教育の修学支援新制度」も始まっています。

先生の答え

A.

多くの人が利用する貸与型の奨学金は本人の借金です

多くの学生が利用している貸与奨学金とは?

[日本学生支援機構(JASSO)の貸与奨学金(有利子)]

申込者	▶ 進学する学生本人
学力基準	▶ 高校等の成績が平均水準以上 など
家計基準 ※1	▶ 給与所得者の世帯の年収:上限1250万円 給与所得者以外の世帯の年収:上限892万円
1ヵ月に借りられる額	▶ 2万~12万円
貸与利率 ※2	▶ 利率固定方式:年1.44% 利率見直し方式:年0.9%
返還の方法	▶ 返済完了まで毎月同額を返還

上限は年3%!

※1 4人世帯の場合の目安。
※2 2024年に貸与が終わった人の利率。

日本学生支援機構(JASSO)のHPより作成

★無利子で借りられる貸与奨学金もありますが、有利子よりも審査基準が厳しくなります。

妻のキボウ8

子供に借金させたくないけど学費が足りない！

少しずつ増えているとはいえ、給付型の奨学金は狭き門。審査で落ちてしまい、だからといって貸与型奨学金で子供に借金させるのも避けたい。もしくは、思いがけず遠方の大学に入学することになり、学費以外に住居費、新生活の準備代なども用意しなければならなくなったとき、**いつでも申し込めて、まとまった金額を借りられるのが教育ローンです。こちらは奨学金と違い、学生自身ではなく保護者が申し込むもの。つまり、親の借金になります。**一般のローンと比べれば金利は低いものの、貸与型奨学金よりは高めです。

国の教育ローンといわれる日本政策金融公庫では、金利が固定で年2・65％。子供1人につき350万円（海外留学の場合450万円）まで借りられ、返済期間は最長18年。家庭の状況に応じた優遇制度もあります。民間の銀行などよりも金利の低い国の教育ローンを優先したほうがいいでしょう。

先生の答え

A.

教育ローンを借りるという選択肢もあります

奨学金と教育ローン どう違う?

	【貸与型奨学金】	【教育ローン】
誰の借金?	学生本人	保護者
利用の基準は?	世帯収入が一定額以下、学力の審査あり	保護者の収入が一定額以下、学力の審査はなし
借入は?	在学中、毎月定額を借りる	全額を一括で借りる
金利は?	低い(0.9%など)	高い(2.65%など)
いつ返済?	貸与終了後に返済開始	借りた翌月から返済開始

妻のキボウ9

受験の直前には奨学金を申し込めないの!?

もっともお金がかかるのは大学入学時とわかっていても、それが3月なのか4月なのかまでは気にしていないのでは？　でも、そこは大きなポイント。**せっかくお金の準備をしても、必要なタイミングで必要な金額が手元になければ意味がありません。**

日本学生支援機構の奨学金の利用を検討しているなら、入学前に予約する「予約採用」で申し込みを。これは高校3年の春に高校を通じて申し込み、秋頃に審査結果がわかるものです。春に申し込み忘れてしまうと、大学進学後に「在学採用」で申し込むことになります。いずれにしても、お金を受け取れるのは入学後という点にも注意しましょう。

教育ローンは、いつでも申し込みできるので、必要になる2〜3ヵ月前に検討しても間に合います。

また、学資保険の満期金も受け取るタイミングを4月に設定してしまうと、納付金の支払いに間に合いません。これも意外な盲点です。

先生の答え

A.

お金を借りる／払うタイミングにご注意を

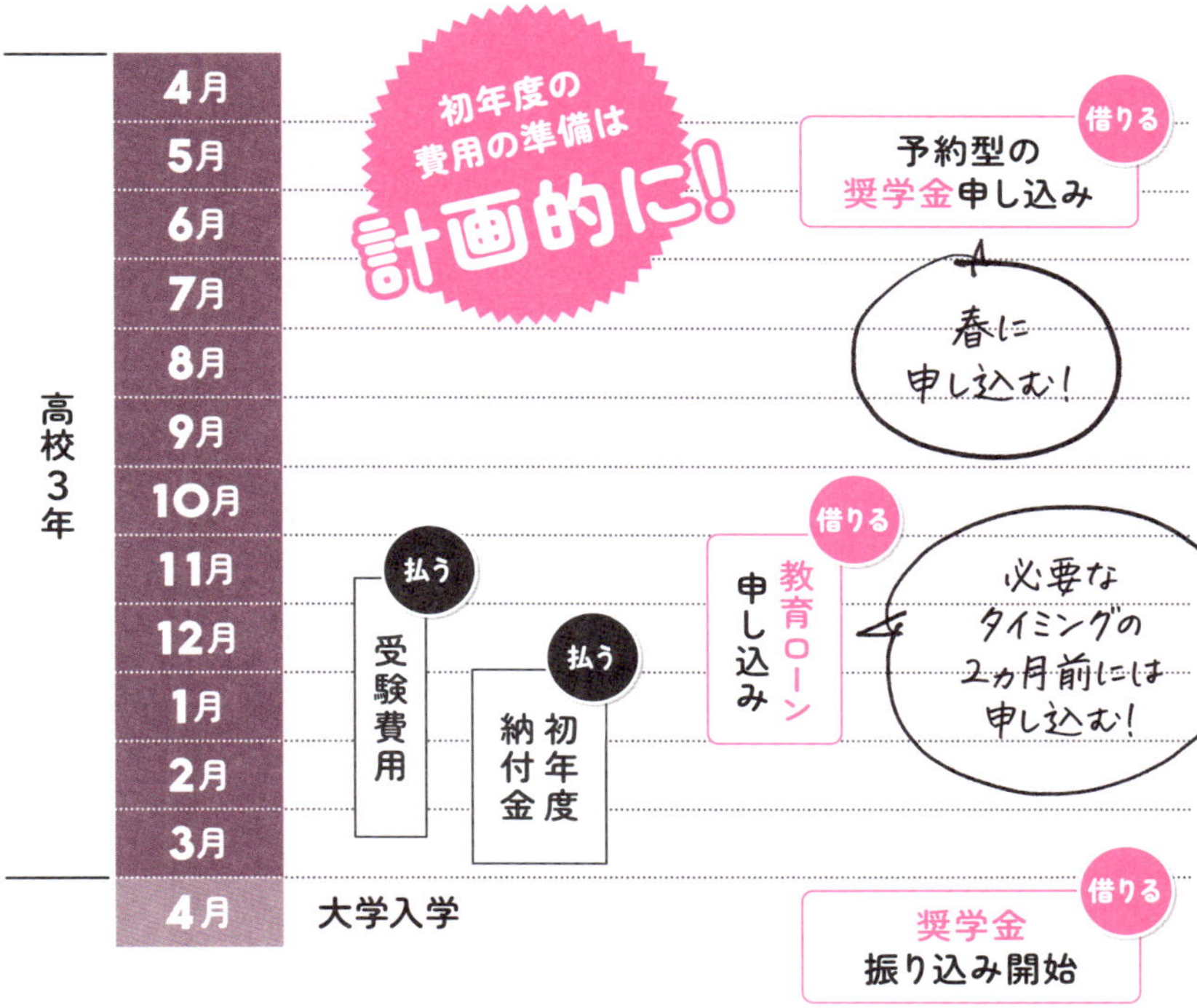

★総合型選抜では高3の秋に納付金を支払う場合があります。

妻のキボウ10

大学生活を満喫してほしいけど、お金が……

大学入学という、教育費における最大の難所を乗り越えてほっとしたのも束の間、待っているのは4年間の生活費や住居費、2年次以降の学費、それに加えて部活動や留学などの体験費用です。**こうした体験も大学生活の醍醐味。就職活動にも有利なので、お金をかける価値はあります。**

・部活動、サークル活動

体育会系、文化系問わず、大会に出場するような本気度の高い部活の場合、部費のほかに遠征費、合宿費などがかかり、年間10万円以上になることもざら。一般的なサークルでも合宿があるところが多いので部費プラス4万～5万円はみておきましょう。

・海外留学

海外の大学で専門的な勉強をするなら、1年間で350万円以上。1ヵ月など短期の語学留学なら40

先生の答え

A.

学生の体験機会を支援する制度もあります

万〜60万円が相場です(どちらも渡航費を除く)。円安の影響で、さらに高額になる可能性も。大学の交換留学制度などに応募して合格すれば、費用を抑えて留学することもできます。また、社会人になって自分でお金を貯めてから目的を持って留学するプランもあります。

・海外ボランティア
春季休暇や夏季休暇を利用して参加します。NGOやNPOが提供するプログラムに直接申し込んだ場合は、1週間で20万〜30万円(渡航費を除く)。国際インターンシップなどのプログラムを設けている大学では、費用が一部大学負担になる場合も。

お金がかかるからと諦めず、大学が提携する留学先、インターン先、奨学金の給付制度などを調べてみるのが肝心です。もちろん、親ではなく本人が!

妻のキボウ11

Q.

うちの子は勉強嫌い。大学なんて想像できません

子供が小さいうちから大学進学のことまで心配するなんて、ピンとこないかもしれません。それどころじゃないというのが本音でしょう。

さらに両親とも学歴にこだわりがなければ、「高卒で充分。大学なんてわざわざ行かなくてもいい（お金もかかりそうだし）」と考えるのもわかります。

でも、その子が何に興味を持ち、何が得意かなんてまだわかりませんし、往々にして子供の人生は親の想定どおりにはならないものです。

今はどんな職種を選ぶにせよ、大学を卒業していることがスタンダードといえるでしょう。

いつでも学び直しができる時代ではありますが、大人になってからリカバリーしようとするとそれなりに大変です。若いうちに大学で学ぶことは、なにものにも代えがたい経験です。

日本の企業では、いまだに賃金や退職金などが大

先生の答え

A.

それでもお金の準備だけはしておきたいです

卒と高卒とでまったく違うというのも、無視できない現実です。

これから未来の社会がどうなっていくかはわかりませんが、それゆえに、お金の準備はしておくに越したことはありません。まだ先の話だからと何もせずにいると、いざ高校生になった頃に、「え、大学の学費ってこんなに高いの？」「学費を払ったら、老後資金がゼロに！」などと慌てることになってしまいます。すでに解説したように、**学費が用意できなければ、親もしくは子供自身が借金をすることになります。**

親の役割とは、どんな社会になってもしぶとく生きていける力をつけてあげることではないかと思います。未来の社会がどうなろうとも、準備したお金が無駄になる可能性は少ないでしょう。

聞いたことあるけど実はよくわからない！

用語集

児童手当

【じどうてあて】

0歳から18歳までの児童を養育している人（保護者）に国から支給される手当。家庭における生活の安定と、児童の健やかな成長を目的としたものです。2024年10月から所得制限がなくなるなど対象が拡充されましたが、市区町村に申請しなければ受給できないので忘れずに。

『貯蓄型保険』

【ちょちくがたほけん】

支払っている保険料の一部を積み立て、保障と貯蓄の両方を兼ねるタイプの保険商品。学資保険、個人年金保険などもその一つです。解約のタイミングによっては元本割れすることも。満期保険金や解約払戻金があることから掛け捨ての保険よりも保険料が高めです。

『総合型選抜』

【そうごうがたせんばつ】

受験生の能力を総合的に評価する選抜方式。以前はAO入試という名称でした。特徴は、その大学が求める学生像に合った受験生を選ぶところ。エントリーシートや面接、小論文などが重視され、高校の成績によらず受験できる大学もあります。

『学校推薦型選抜』

【がっこうすいせんがたせんばつ】

旧推薦入試。高校からの推薦を受けて出願する方式で、書類審査のほか、面接、小論文、国公立大学では共通テストが課されることも。公募制と指定校制があり、公募制は併願可の場合もありますが、指定校制は基本的に専願。合格したら必ずその大学に入学します。

『初年度納付金』

【しょねんどのうふきん】

大学に入学する最初の年度に払う総額のこと。授業料だけではなく入学金、施設設備費、諸会費など、さまざまな費用があり、一般的に2年次以降よりも高額です。授業料を春と秋に分けて払える大学もありますが、いずれにしても入学前にまとまったお金が必要です。

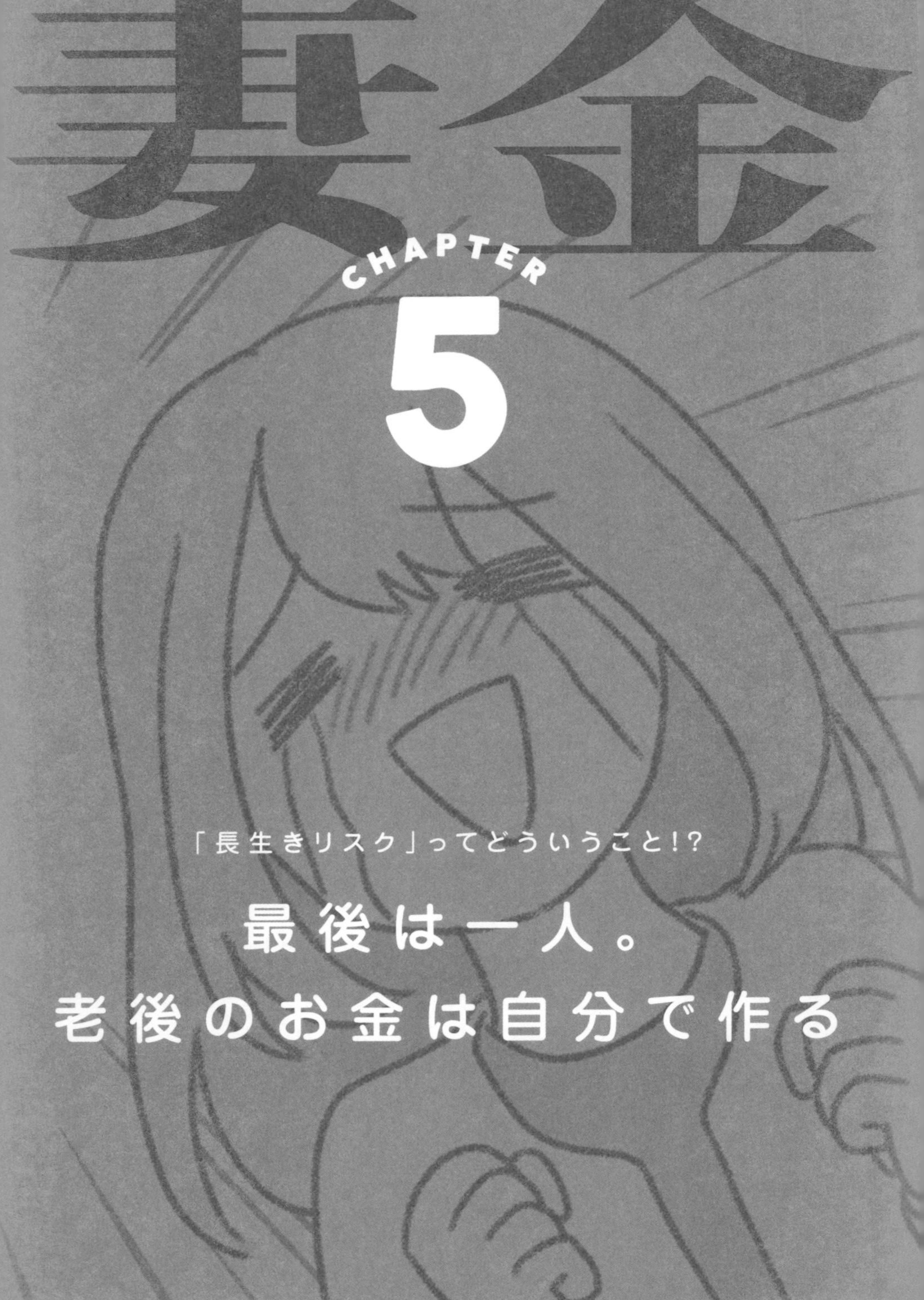

CHAPTER 5

「長生きリスク」ってどういうこと!?

最後は一人。老後のお金は自分で作る

網本 真澄（36）
カチャ
カチャ
食品メーカー勤務
産休・育休を経て戻ってきて
今もこうして仕事を続けられている
人間関係にも恵まれワークライフバランスを保った充実した日々
息子8歳
このご時世いい会社で働けて幸せだなー♪
…と思っているが
ブツブツブツ
さっきから隣の席の同僚の様子がおかしい！
ブツ
ブツ
ブツ
こっそりやればギリなんとか…
独身時代の貯金を使う…？
でもそしたら私のお金が…
ブツ

河野さん どうかしました？ 具合悪い…？
網本ちゃん… うちって 副業OK だったっけ…？
副業？ どうしたんですか 急に？
お金が…
お金があああああ 足りないよおおお
えええええええ
同僚：河野 めぐみ（40）
実家のことで恥ずかしいんだけど……
ママ友にも地元の友人にもこんなこと相談できなくて
休憩室
あ～実家系… それは相談先に悩むね
同僚：藤井 真理子（38）
突然 副業って… どういうことですか？
そんなに生活に困るようなお給料のはずないんだけどな

……私、親が40代の時に生まれた子供でね
今母が80歳 父が83歳なの
だからある程度覚悟してたんだけど……
それは2週間前のこと
弟
介護施設？
弟：佐藤 尚一
うん いい加減プロの手を借りなきゃいけない段階かなって
父さん 警察の世話になるのこれで3回目なんだよ
け、警察!? 何があったの？
父さんの認知症が進行しててさ
外で結構トラブル起こしてるんだよ
今回は病院の待合室で財布を盗まれたって大騒ぎして
もう恥ずかしいよ
それにこの前はついにトイレも失敗してさ

そんなことになってたんだ…
お母さん 全然言ってくれないからわからなかった
姉ちゃんは仕事と子育てで大変そうだし
気ぃ遣ってたんじゃね？
弟は地元で家庭を築き実家の近くで暮らしている
普段は母さんが面倒みてるけど
限界が来てから慌てたんじゃ遅いだろ？
うるさい!!
はい はい…
それにほら
うちはもうすぐ双子が生まれるし
俺も今までみたいに手伝いにも行きにくいんだよ
そ
そうだよね
それは無理だ
早急に探した方が…
ふぅ…
ふぅ…
まさかの双子
ママ〜
ママ〜
ママ〜
と思ったんだけど問題が発覚してさ
え？

この前初めて父さんの預金を確認したんだけど
し～ん…
!?
ほとんど残ってなかったんだよ
ええ!?
これと言って目立った散財があったわけじゃないんだけど
はあ…
元々そんなにいい給料だったわけでもないし
普段の生活でいっぱいいっぱいだったんだろうな
そんな…
母さんも言いにくかったんだと思う
あのさ
ぶっちゃけどこまで援助できる?
えっ
えんじょ?

…というわけなのよ
げっそり
うわ〜〜〜 それは…大変…
高度経済成長の波の中で手探りで生きてきた世代か…
本当にどこにも資産残ってないの？
私の知り合いで畑を売ってお金作ったっていう話を聞いたことあるけど
畑
実家って言っても団地住まいでさ
要は賃貸だから売れるような不動産もなくて
収入は年金のみなの
旦那さんはなんて？
うん…相談したんだけどね……

いや
長男がいるのに なんで嫁に出た娘に 金を出させるんだよ?
夫
……えっ
大体さ めぐみの両親に 預金が残って ないのって 尚一さんが原因 なんじゃないの?
結婚前に 愚痴こぼしてた じゃん
長男贔屓《びいき》が すごかったって
弟は習い事も 塾も手厚くて
悪さしても 対応が甘くて
大学も2浪してまで 行かせてもらってた
よく やった!
尚ちゃん すごいわ!
でへへ
もう! 仕方ない子ね
入学祝いは ハイブランド 腕時計
それに対して自分は 女だからって理由で 家事やらされて
行きたかった 大学の進学を 許されなかったって
それが嫌で 今まで実家と 距離置いてたんだろ?
女なんだから! もっと女らしく!!
そんな扱いだったのに 自力で頑張った めぐみに対して 「金はよこせ」って
あんまりじゃない?

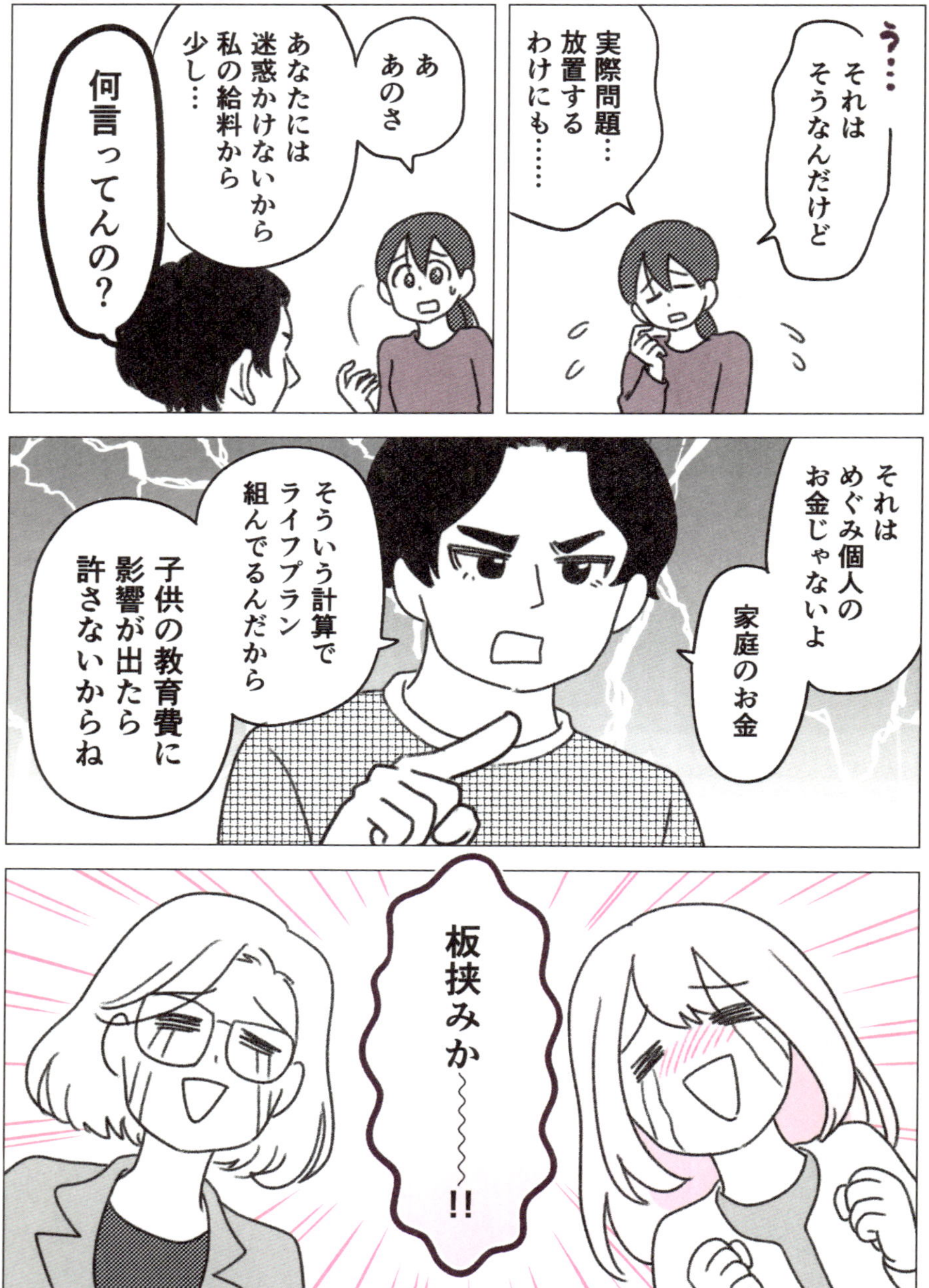
う…
それはそうなんだけど
実際問題…放置するわけにも……
あ あのさ
あなたには迷惑かけないから私の給料から少し…
何言ってんの？
それはめぐみ個人のお金じゃないよ
家庭のお金
そういう計算でライフプラン組んでるんだから
子供の教育費に影響が出たら許さないからね
板挟みか～～～～～!!

夫の言い分もわかるのよ
実際実家に不満を持ってたのは事実だし
でも全く何もしないわけにはいかないじゃない
ですよね
うん
旦那さんはどういうつもりなんだろ?
そっちに援助するなら俺の実家にも同額仕送りしないと平等じゃない
………って
あ――――…
拗《こじ》らせてんな~~~
だからこっそり副業してお金作れないかなって
はぁ…
追い詰められちゃったか
でもちょっと冷静になろうね河野ちゃんが体調崩しちゃう
場合によっては福祉の手も借りてさ
生活保護…もよぎったんだけど
弟やお母さんがなんて思うか

はっ
お母さんが「長生きしないで早くポックリ逝きたい」って言ってたの
冗談じゃなくて本気…!?
いやいや落ち着いて
不穏だな
ブーッブーッ
え!? 何
小学校から!?
小学校 職員室
もしもし はい…はい 河野です
バッ
えっ 嘔吐!? すぐ迎えに行きます!
ごめん 仕事も相談も途中だけど…
いいよ大丈夫 すぐに行ってあげて
うん
ぴゅ〜
河野ちゃん 介護と子育てが同時にきて大変そう
なんか… 他人事じゃないですね
介護ってお金かかるんだろうな
うちの両親はまだ現役世代だけど…

そういえば私も両親の貯金額なんて知らない！
自分たちの介護費用くらいちゃんと貯めてくれてるよね…？
あっ
うちのお母さん専業主婦だったから年金が少ないかも
ていうか老後ってどのくらいお金いるのかな!?
メディアではよく2000万円とか言うけど
老後2000万円
貯めましょう
みじめな暮らしになりますよ
ずーん
しっかりしないと子供たちにも負担をかけてしまう
私も老後のお金のこと
しっかり考えていかないと…！
ぎゅ…

妻のファン1

Q.

老後のお金の準備はいつから始めるべき？

40代以下の人にとっては、老後資金といわれてもピンとこないかもしれません。でも、まだまだ先と何もせずにいると、あっという間に50代を迎え、「老後のお金が足りないかも？」と焦ることになってしまいます。未来を想像してみましょう。

妻の老後を支える柱となるものは、「仕事」「自分自身の年金」「ｉＤｅＣｏ」の3つ。

まず、元気なうちは何歳になっても働き続けるつもりで。現役時代に、老後の収入にもつながるようなスキルを身につけられたら理想的です。

年金とｉＤｅＣｏは、若いうちから積み上げていくもの。厚生年金に加入して自分の年金額を増やし（夫の厚生年金があるから老後も大丈夫とは思わないこと！）、ｉＤｅＣｏに加入して税控除のメリットを活かしながら〝自分年金〟をつくりましょう。**今の働き方が、老後のお金に直結するのです。**

先生の答え

A.

老後の柱は3つ！ 今すぐできることもあります

老後の3本柱

iDeCo

積み立てた分が全額所得控除になるので、個人年金よりもオススメ

今できること

- 扶養を外れる
- 自分で税金を払うようになったら、iDeCoに加入して積み立てを始める

年金

厚生年金に加入して働いたほうが、年金が増えてお得

今できること

- 年収の壁を超えて働けるだけ働く
- キャリアアップ＝収入アップを目指す

仕事

できるだけ長く働く！ 月々の収入が増える＋年金も増える

今できること

- 将来も役立ちそうなスキルを身につける
- 時代とともに変わる仕事のやり方をアップデートし続ける

貯金が2000万円あれば余裕ですか?

かつて話題になった「老後2000万円問題」。いまだにこの金額がひとり歩きしているようですが、この誤解については後ほど解説しますね。

じゃあ、いったいいくら貯金があれば足りるのかというと、**3000万円以上あっても足りない可能性がありますし、1000万円弱で足りる可能性も充分にあります。**どういうことでしょう?

老後の3本柱に「貯蓄」は入っていませんでしたよね。左のグラフを見てみると、たとえ2000万円あっても、引き出し続けていれば、あっという間に貯金は底をついてしまいます。女性は90代まで長生きする可能性があることを考えると、いくらあっても足りないかもしれませんし、お金が減り続けていくのは心理的にも辛いはずです。

大切なのはストックよりフロー。つまり、資産(貯金)よりも収入です。次の項目で、老後のフローについて考えていきましょう。

先生の答え

A.

ストック（貯金）より フロー（収入）が大事です

65歳から、毎月10万円を引き出した場合の資産寿命

（金利0％として試算）

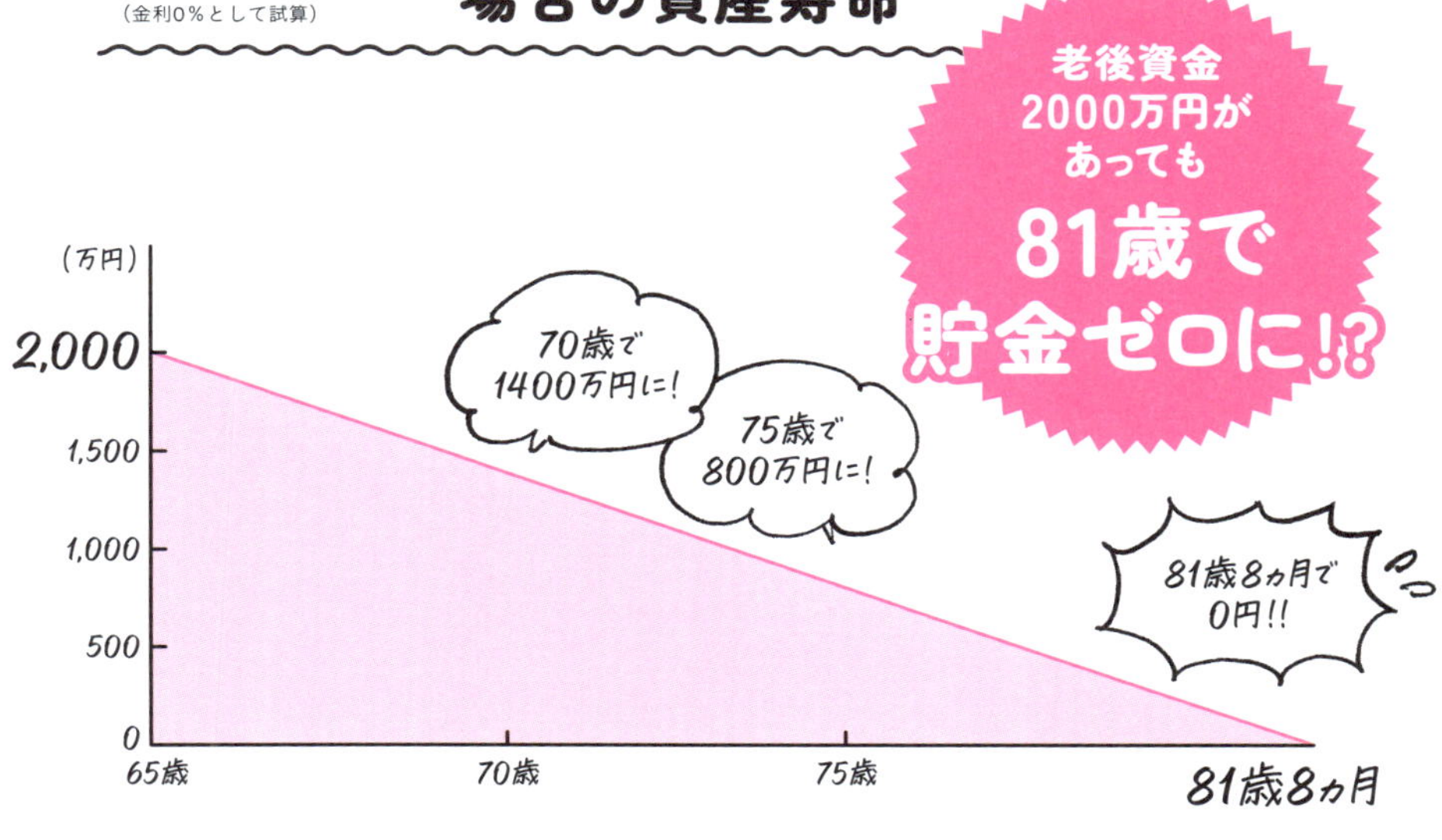

妻のファン3

Q. 老後も働くなんて嫌なんですけど……

年金で足りない分を貯金から取り崩し続けていたら、たとえ２０００万円あっても心配だとわかりました。**女性の平均寿命を考えると、ひとまず90歳までの生活費が枯渇しないようなフローを考えなければなりません。**生活費の分くらいは、お金が入ってくるシステムを自分で作るのです。

最初にお伝えした3本柱の組み合わせで

・公的年金（繰り下げも含め検討する）
・企業年金やｉＤｅＣｏ
・それで足りない分だけ、働く

という考え方です。個人年金など一度にたくさんのお金が入るものはそれだけ税金もかかってしまうので、**ちびちび長くお金が入ってくることがポイント。**現役時代と同じ年収ではなくても大丈夫です。

老後も働くことはネガティブな面ばかりではなく、人とのつながりや生きがいにもなり得るのではないでしょうか。

先生の答え

A.

ちびちび長く。少し働けばOKです！

老後も収支をマイナスにしない！
これが90歳までの鉄板フロー

収入／妻の年齢	60	61	62	63	64	65	66	67	68	69	70	71	72	73	74	75	…
厚生年金		ねんきん定期便、ねんきんネット等で確認				135万円／年 →											
国民年金						83万円（夫）繰り下げ →					118万円（妻） →						
企業年金 iDeCo	100万円 →																
働く	300万円 →					60万円 →											
支出	300万円 →																
収支	+100万円 →					+78万円 →					+36万円 →						

★ 65〜69歳は月に5万円分だけ働き、妻の国民年金を70歳まで繰り下げることで、収支はずっとプラスに。

60歳以降の世帯の生活費を月25万円（年間300万円）とした場合の一例。

★老後は現役時代の70％のお金で暮らせるよう、生活費をスリムに！

本当に必要な貯金額が知りたいんです！

「ストックよりもフロー」と言いましたが、貯金ゼロでいいわけではありません。生活費以外にも住宅リフォームなどまとまったお金がかかることもありますよね。ただ、ここでは世帯ではなく、自分自身の貯金としていくら必要かを考えてみます。

貯めておきたいのは、主に医療費と介護費です。もちろん、どんな病気になるか、介護の期間がどれほど長くなるのかなど、個別の事情によって必要な費用は変わってきますが、それでも平均額は一つの目安になるでしょう。

65歳以降にかかる医療費の平均は約２５０万円と言われています。一方の介護費はもっと高額で、一時金＋約５年間分の合計は平均、約５８０万円。**合わせると約８３０万円が、老後の医療・介護のために準備しておきたいお金ということになりますが、少し余裕をみて１０００万円を目安にしましょう。**

先生の答え

A.

医療・介護費1000万円を貯めておくと安心です

自分の貯蓄が1000万円あり、なおかつ先の3本柱（年金・仕事・iDeCo）で月々の生活費を確保できれば、長い老後もそれほど心配いらないはずです。

ちなみに、例の「老後2000万円問題」とは何だったのでしょうか？　あれは、当時の年金モデル世帯（会社員の夫と40年間専業主婦だった妻の世帯！）の年金収入と平均的な支出とを比べて、30年間で2000万円ほど不足するとしたもの。今の現役世代でこのモデル世帯に当てはまる人は少なくなっていますし、生活費も人それぞれ。はっきり言って、気にする必要はありません。

とはいえ、一人につき1000万円の医療・介護費を夫婦2人分と考えるとちょうど2000万円ですから、老後資金の目標額として、あながちトンチンカンな金額ということでもなさそうですね。

妻のファン5

Q.

夫がいなくなっても私には子供がいるし……

「いざとなったら、子供が老後の面倒を見てくれるはず」なんて思っている人、甘いです！

これからの時代、子供たちも仕事や家庭、自分の人生を生きることで手いっぱい。**老後の暮らしやお金は、自分でなんとかするしかありません。**

夫婦2人分の年金があり、健康で暮らせるうちはいいのですが、問題は、夫が先立ち妻一人になったあとです。平均寿命と夫婦の年齢差から見ると、**女性のおひとりさま期間は8年ほどの可能性が。そしてその期間と健康ではない期間が重なるかもしれないのです。**

遺族年金があっても、受け取れる年金額は夫婦2人分の6割程度になることが多いようです。介護や医療のお世話になりながら一人で生きるときに、お金が足りないのは辛いことです。この年代になってもお金が入るよう、**生涯にわたって受け取り続けられる年金を増やしておくのが最善です。**

先生の答え

A.

老後に子供は頼れません。一人の余生に備えて

女性は一人の期間＝不健康な期間になってしまうかも!?

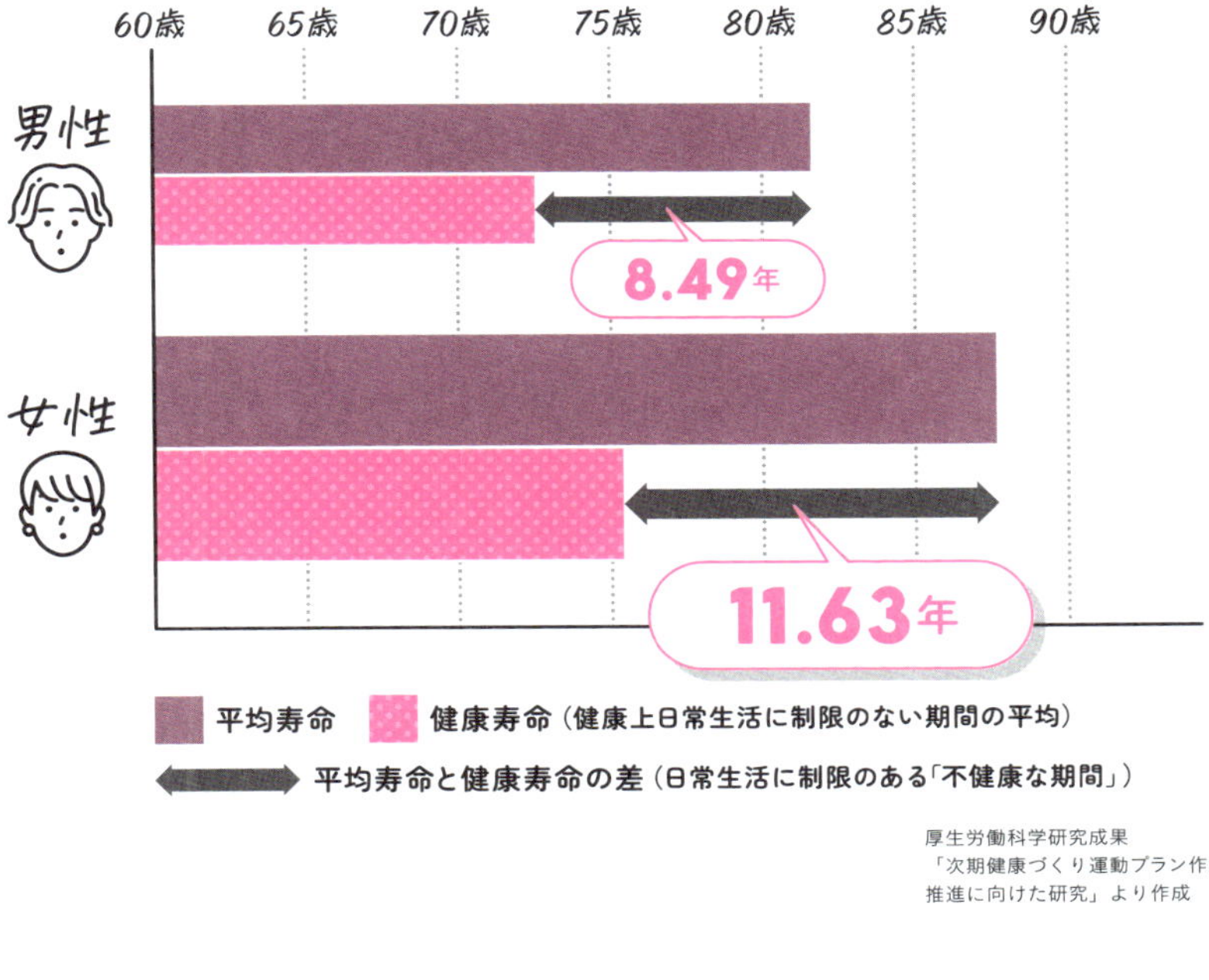

厚生労働科学研究成果
「次期健康づくり運動プラン作成と
推進に向けた研究」より作成

熟年離婚がお得って本当ですか？

離婚がお金の面で得ということはほとんどなく、熟年離婚とて同じです。長く専業主婦だった人が、年金の〝分け前〟を増やすために夫の定年まで離婚せずに待つケースがあり、それをもって「熟年離婚はお得」と誤解されているのかもしれませんね。

離婚時の年金分割とは、厚生年金額の多い方（たいていは夫）から少ない方（妻）へ、婚姻期間中の保険料納付実績をもとに年金を分けるというもの。**妻が国民年金第3号被保険者の場合は、2分の1が分割され、共働きの場合は合意による分割か、分割なしのケースもあります。**

よく、「夫の年金を半分もらえる」と勘違いする人がいますが、そうではないのでご注意を。**「結婚していた間に夫が払った厚生年金保険料の実績分の半分をもらえる」が正解です。**また、受け取れるのは65歳からなので、50代で離婚した場合は60歳まで

先生の答え

A.

年金分割はありますが全然お得じゃありません

自分の国民年金保険料を払う必要があります。

仮のケースを見てみましょう。

婚姻期間20年で、妻は夫の扶養に入っている年金3号の場合（諸条件によって金額は変わるので正確なシミュレーションではありません）。

夫の厚生年金額が月10万円だとすると、妻がもらえるのは……

・年金分割：約2万5000円
・遺族年金：約7万5000円

遺族年金と比べるのもちょっとおかしいのですが、その差は歴然です。

熟年離婚によって、夫が経済的なダメージを受ける可能性は高いです。けれど、**妻にもメリットがあるわけではなく、お互いが貧困になりやすい**ということを覚えておきましょう。

妻のファン7

私たち、年金をもらえない可能性ありますよね？

将来にわたって年金制度を維持するため、5年ごとに検証が行われ、必要に応じて見直しをする決まりになっています。

2024年に行われた最新の財政検証で、年金財政はいい状態だと公表されました。100年先の年金のために積み立てているお金の運用も順調です。**少子高齢化という課題はありつつも、年金は万全です。**保険料が上がる場合にも上限が決まっていること、物価に合わせて給付を調整することなど、さまざまなルールと仕組みで将来の年金が守られていることを知りましょう。

いつの時代にも「私たちが高齢になる頃には年金をもらえないから保険料を払ってもムダだ」「日本の年金は破綻する」などといったデマが出てくるのが不思議でなりません。そんなデマを信じて、極端にリスクの高い投資などに手を出してしまうほうがよほど危険だと思います。

先生の答え

A.

絶対にありません

現在の年齢別！

将来の年金額の見通し

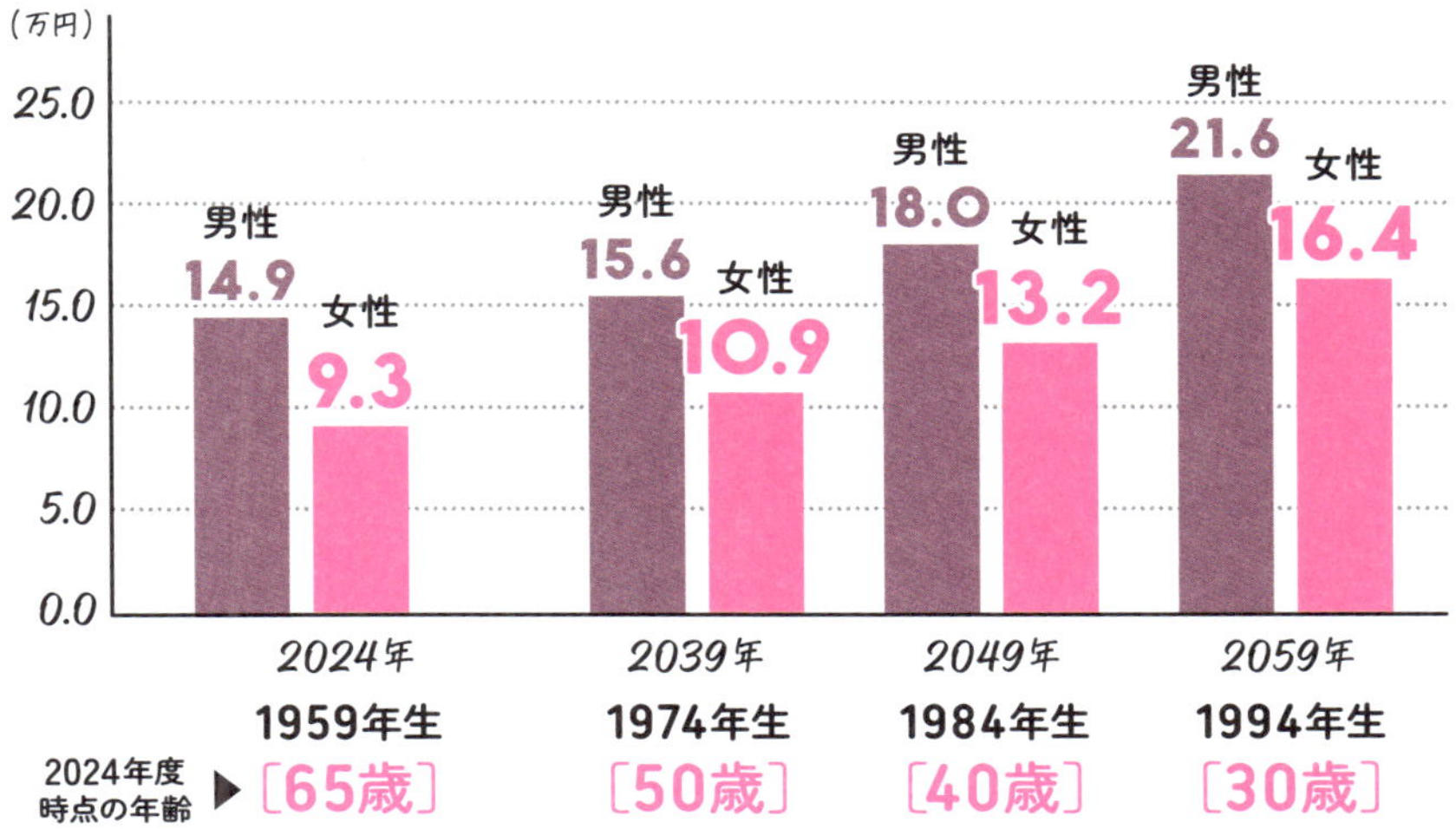

※1人あたりの65歳での年金額
※物価上昇率で2024年度に割り戻した実質額
※成長型経済移行・継続ケース（実質賃金上昇率1.5%）での推計

第16回社会保障審議会年金部会「令和6（2024）年財政検証結果の概要」より作成

★2024年の財政検証では夫婦2人の「モデル世帯」だけではなく、単身女性などの試算も初めて出されました。

妻のファン8

Q. 年金を簡単に増やせる方法ってないですか？

厚生年金の年金額は、働いた期間と、その間の年収によって決まるもの。働いている現役世代が年金を増やすには、以下の2つの方法が考えられます。

①転職するなどして年収を上げていく
②働く期間をできるだけ長くする

これからキャリアアップしていく年代なら①を目指せますが、すでに正社員で転職する必要性を感じていないなら、②が現実的な方法でしょう。同じ会社内で自分の収入を大幅に上げていくのは簡単ではないはずです。

今は、社員を65歳まで雇用する義務が企業側にあり、70歳までが努力義務となっています。60代になると雇用の条件が変わってお給料が下がってしまうかもしれませんが、**それでも、厚生年金に加入して働き続ければ、受給する年金額を増やすことができます。**雇ってもらえるなら70歳まで働くに越したことはありません。

先生の答え

A.

長く、しつこく働くのが一番です！

10年長く働くと、厚生年金を
これだけ増やせる！

［年収］			［厚生年金（年額）］
300万円	× 10年	＝	+16.5万円
200万円	× 10年	＝	+11.2万円
160万円	× 10年	＝	+8.8万円

ポイント　働いて収入がある間は年金繰り下げも選択できるので、先々に受け取る年金をさらに増やせる好循環に。

★働きながらでも年金を受給できるように、在職老齢年金が見直されます。

妻のファン 9

Q.

年金を繰り下げたら元が取れないのでは？

65歳からの年金受給を基本として、繰り上げ／繰り下げも選べるようになっています。何度も言いますが、女性は長生きすることを考えると、「働けるうちは働き、繰り下げで年金額を増やす」のが王道でしょう。といっても、ほんの数年しか年金をもらえなければ損になってしまいます。66〜75歳で、何歳から受け取れば〝元が取れる〟のでしょうか？

結論を言うと、損益分岐点は12年。何歳から受け取り始めても、その後12年生きられれば元が取れるという計算になります。もし受給開始を5年繰り下げて70歳からとすると、82歳まで生きれば元が取れて、それ以降、長生きするほどお得になります。損をする可能性はわりと低いと思いませんか。

また、老齢基礎年金と老齢厚生年金は別々のタイミングで受給開始できます。たとえば厚生年金だけを65歳から受け取り、国民年金は70歳から受け取るといった受け取り方も選べます。

先生の答え

A.

女性は得する人のほうが多いはずです

繰り下げによる増額率は？

年金の受給を繰り下げると

1ヵ月ごとに**0.7%増額**　最大（75歳）**84%増やせる！**

受給開始年齢	増額率	65歳時点の受給額が月9万円の場合
67歳	16.8%	約10.5万円
70歳	42.0%	約12.8万円
73歳	67.2%	約15.0万円！

受給開始年齢	増額率	65歳時点の受給額が月12万円の場合
67歳	16.8%	約14.0万円
70歳	42.0%	約17.0万円
73歳	67.2%	約20.1万円！

受給開始年齢	増額率	65歳時点の受給額が月14万円の場合
67歳	16.8%	約16.4万円
70歳	42.0%	約19.9万円
73歳	67.2%	約23.4万円！

★減額された年金額が一生続く「繰り上げ受給」は絶対やめましょう！

妻のファン10

Q.

投資って、失敗しそうで怖いです！

2024年1月にスタートした新NISA《ニーサ》のブームもあって、投資に関心を持つ人が増えました。NISA、iDeCo《イデコ》という税金のメリットがある制度が充実してきた背景には、**「老後のお金の備えはできるだけ自分でしてください」**という政府の意向もあります。年金があっても、それだけで老後の費用すべてを賄うことはできないからです。

もはや投資はブームなどではなくて、誰もが取り組むべき生活スキルの一つ。「よくわからないから」「投資するお金なんてない」といった言い訳をせずに、少額からでもいいので始めてみましょう。

投資の基本は長期・分散・積立。早く始めてじっくり時間をかけることもコツの一つです。

利用する制度は、非課税の仕組みがあるNISAとiDeCoの2つに絞られます。この2つで十分な資産形成ができるので、それ以外の、税金のかかるところで投資信託などを買う必要はありません。

先生の答え

A.

まずは少額で。始めれば怖くないとわかります

NISAとiDeCo、どう違う？

NISA

Q.誰が使える？
日本に住む18歳以上なら誰でも
Q.どこがお得？
投資の運用益に税金がかからない
Q.使い勝手は？
いつでも好きなときにお金を引き出せる　イイネ！
Q.引き出すとき
税金はかからない

iDeCo

Q.誰が使える？
20歳以上で国民年金に加入している人
Q.どこがお得？
投資の運用益に税金がかからない
拠出金（掛け金）が全額、所得控除の対象になる　イイネ！
Q.使い勝手は？
60歳までお金を引き出せない
Q.引き出すとき
退職金or年金として控除額を超えた分に対して税金がかかる

★投資と保険が一つになった商品は税の優遇がなくコストが高めなのでおすすめしません。

妻のフアン11

iDeCoとNISA、どちらかを選ぶなら？

あなたが働いていて（自分で税金を納めていて）、老後の備えを目的に投資するなら、まずはｉＤｅＣｏを優先しましょう。**60歳までお金を下ろせないことが、むしろメリットになります。**

毎月いくら積み立てられるかの上限は、職業によって決められています。厚生年金のない自営業やフリーランス（年金1号）の人は多く、会社員（年金2号）は少なめ。

ただ、２０２５年度の改正で、それぞれ上限が引き上げられることになりました。今まで限度額が低かった会社員も、より多くのお金をｉＤｅＣｏで積み立てて、所得控除のメリットを活かしつつ、老後の自分年金をつくれるようになります。

夫の扶養に入っている第3号被保険者も、国民年金に加入していることには変わりないのでｉＤｅＣｏを利用できますが、自分で税金を払っていないのであれば、所得控除はそもそも関係ありません。

先生の答え

A.

老後資金を貯めるにはiDeCoを優先しましょう

老後の備えなら断然iDeCo!
掛け金をもっと増やせるようになります

加入資格	月額拠出限度額		引き上げ後
●第1号被保険者 ●任意加入被保険者 （自営業など）		68,000円 ▶	75,000円
●第2号被保険者 （厚生年金の加入者） （会社員など）	［会社が企業年金を実施していない会社員］	23,000円 ▶	62,000円
	［会社で企業型DCやDBに加入している会社員］	20,000円 他制度と合わせて55,000円が上限 ▶	iDeCo自体の上限は廃止 他制度と合わせて62,000円が上限

74.4万円の所得控除に！

※2027年に施行予定

★iDeCoの運用商品には、投資信託だけではなく定期預金もあります。

がんばってNISAも始めたいです！

NISAは枠組みが大幅に広がり、使いやすいものになりました。**運用益に対する税金（税率20・315％）がかからないので、投資をして増えたお金がそのまま自分の資産になるというシンプルな制度です。**もちろん投資ですからお金が減る可能性もあり、元本は保証されません。

総額で1800万円もの枠がありますが、焦って「たくさん投資しなければ」と思わないでください。**期限のない一生モノの口座なので、自分のペースでゆっくり投資すればいいのです。**まずは年間120万円の「つみたて投資枠」を利用していくのがいいでしょう。これだけでも毎月10万円まで積み立てることができます。

NISAとiDeCo、どちらが正解かと迷ってばかりでいつまでも行動しないのはもったいない！未来の自分にお金を仕送りしてあげるつもりで、一歩踏み出してみましょう。

先生の答え

A.

一歩踏み出せたら、未来が変わります

つみたて投資枠から使おう

一生使えるNISA口座！

	つみたて投資枠	成長投資枠
非課税保有期間	無制限	無制限
年間投資枠	120万円	240万円
非課税保有限度額（総枠）	1,800万円	1,200万円（内数）
投資対象商品	長期の積立・分散投資に適した一定の投資信託（金融庁の基準を満たした投資信託に限定）	上場株式・投資信託等

金融庁「NISA特設ウェブサイト」より作成

口座を開くときに注意すること

- 一人1口座しか開設できない
- 商品数の多いネット証券がおすすめ
- 金融機関は年に1度変更できる

聞いたことあるけど実はよくわからない！

用語集

『健康寿命』

【けんこうじゅみょう】

「健康上の問題で日常生活が制限されることなく生活できる期間」と定義されています。2000年にWHOが提唱しました。同じ「長生き」でも、健康ではない期間ばかりが長くならないよう、元気な期間＝健康寿命をいかに延ばせるかに関心が高まっています。

介護保険

【かいごほけん】

介護を社会全体で支えるための公的保険。40歳以上の人は介護保険への加入が義務づけられていて、介護保険料を支払います。介護が必要になったときには要介護度に応じてサービス利用時の費用負担が軽減されます。自立を支援し、家族の負担を軽減する制度です。

『確定拠出年金（DC）』

【かくていきょしゅつねんきん】

加入者が拠出金（掛け金）を自分で運用し、その運用結果が給付額になる年金制度。企業が掛け金を拠出する「企業型DC」と、個人で加入して掛け金を拠出する「iDeCo」があります。企業型DCに加入している人も、iDeCoにも加入できます。

投資信託

【とうししんたく】

投資家から集めたお金をまとめて、運用会社が株式や債券などに分散投資・運用する商品。たくさんの株式などを少しずつ詰め合わせたもので、商品ごとに詰め合わせの中身、手数料が異なります。NISAやiDeCoでは、投資信託を自分で選び、積み立て、あるいは一括で購入できます。

『所得代替率』

【しょとくだいたいりつ】

年金の給付水準を示す指標。年金を受け取り始める時点（65歳）における年金額が、現役世代の収入と比較してどのくらいの割合かを示しています。2024年度のモデル世帯の所得代替率は約61%。基礎年金と厚生年金を合わせて、現役世代の手取り収入の6割程度になります。

井戸先生！「妻のお金」についてすごく勉強になりました！
そうですかそれはよかったです
妻金
ところで井戸先生はどうしてこのお仕事をされているんですか？
そうですね…なぜ私がお金にまつわる仕事を続けているのか今までの人生を振り返ってみましょうか
気になる！教えてください！
私の子供時代は…とても根暗な性格でした
ぽつん…
リリアン →
イジメまではいかないけど仲良しの友達もおらず
小学校は休みがちでした

小学校卒業後は
お嫁さんになるのが一番！
とされるような
私立の中・高・短大で
過ごしました
女子が大学なんかに行ったらお嫁さんになれませんよ！
テーブルマナー
社交ダンス
学校で…!?
全く楽しくなかったです
高1の時
ひょんなことから
スクールメイツの
レッスンに通い
私…ダンスが好きなんだ！
と気づいたのですが
学校が禁止していて
辞めることになり…
結局 短期間しか
していません
※ スクールメイツ…歌って踊るアイドルグループ
短大卒業後は
メーカーに就職
結婚したら退職してくださいね！
意訳
ここで結婚相手を見つけてください
入社式
うげ…
典型的な
M字型就労の
時代のことです
2年ほど
コピーと
お茶汲みをしたけど
なんとなく
退職しました
ドウゾ〜
ん

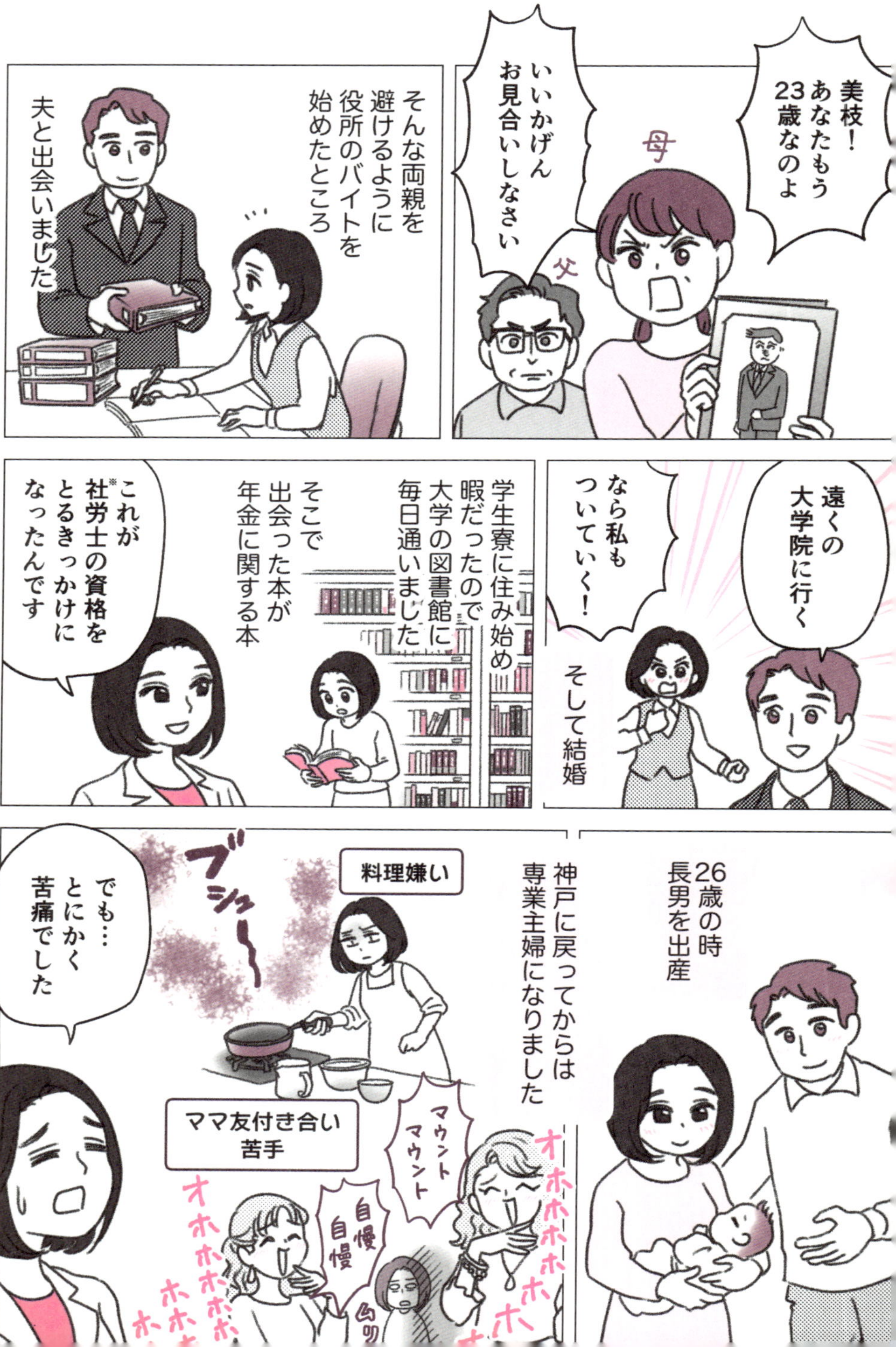

※社労士＝社会保険労務士…労働・社会保険の専門家。国家資格者

そこで病院の医療費の計算をするバイトを始めました
あ、私って一人で細かい計算をするのが得意なんだ…
社労士を目指そう!
社労士
独学で猛勉強を続け30歳の時に一発合格しました
普通は社労士事務所に見習いで勤めるんですけどいきなり一人で開業したんですよ
たまたま子供の通う幼稚園に医師の親を持つ子が多く開院する人がそこそこいたんです
●▲◆医院
そこの顧問になり実績を積み
そこから紹介、紹介…と顧問先を獲得していきました
さらに
キャリアコンサル
DCプランナー
FP
宅建
全て一発合格
生活経済に関する資格を取りました
あと
心理学の勉強もしたくて大学に4年通いました
すごい根性〜〜〜!!

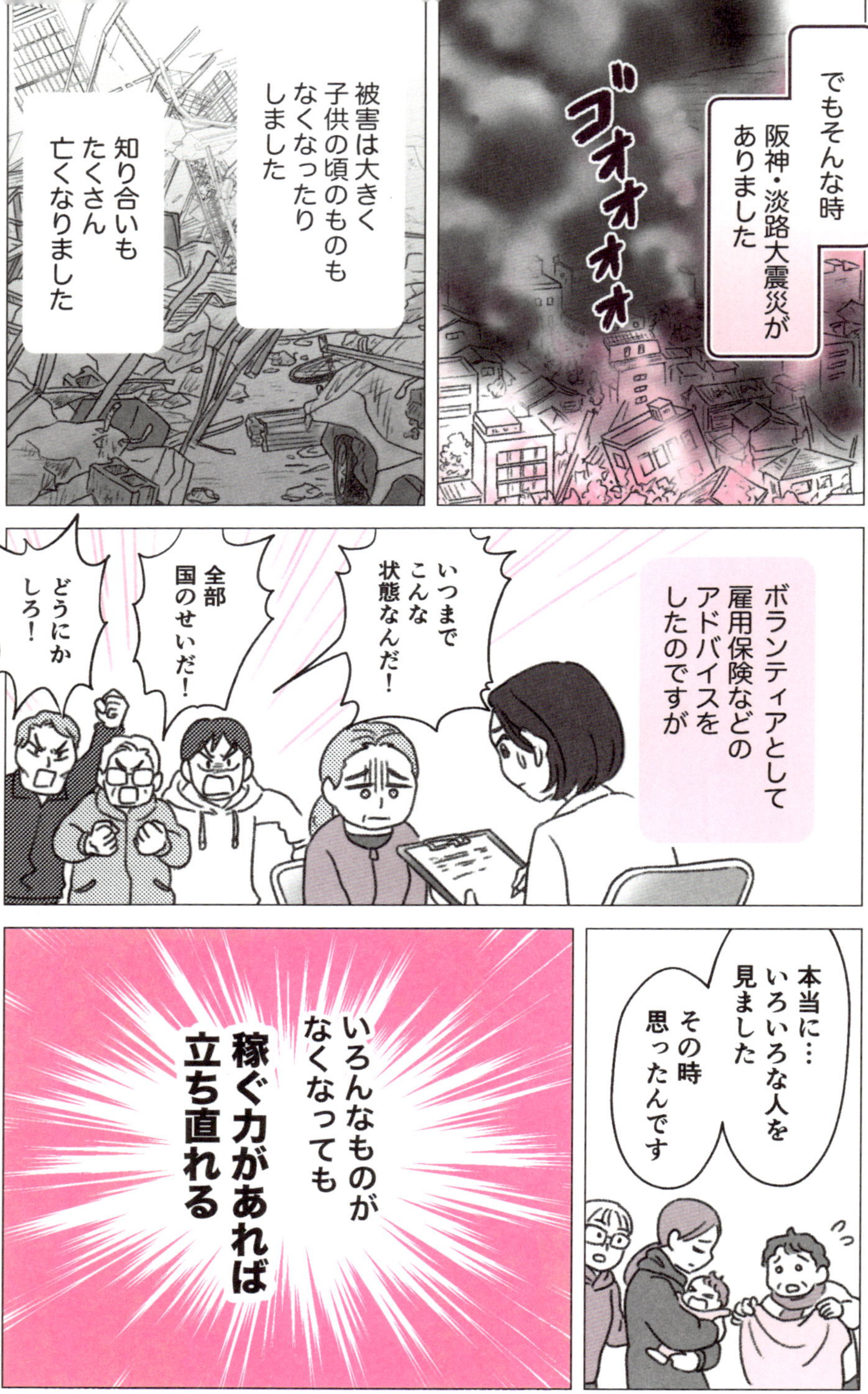

でもそんな時
阪神・淡路大震災がありました
ゴォオオオ
被害は大きく子供の頃のものもなくなったりしました
知り合いもたくさん亡くなりました
ボランティアとして雇用保険などのアドバイスをしたのですが
いつまでこんな状態なんだ！
全部国のせいだ！
どうにかしろ！
本当に…いろいろな人を見ました
その時思ったんです
いろんなものがなくなっても
稼ぐ力があれば立ち直れる

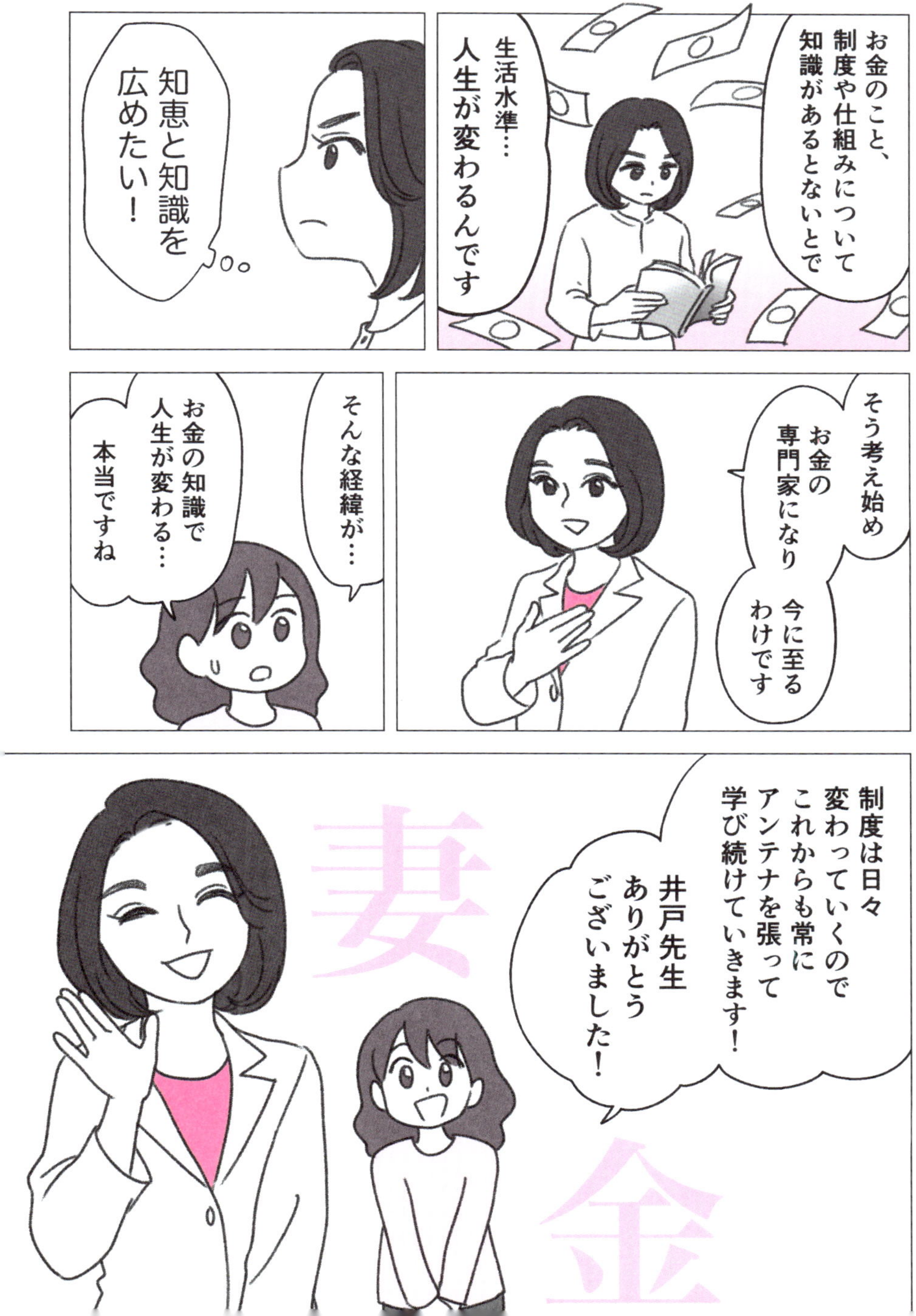
お金のこと、制度や仕組みについて知識があるとないとで
生活水準…人生が変わるんです
知恵と知識を広めたい！
そう考え始めお金の専門家になり
今に至るわけです
そんな経緯が…
お金の知識で人生が変わる…本当ですね
制度は日々変わっていくのでこれからも常にアンテナを張って学び続けていきます！
井戸先生ありがとうございました！
妻
金

【著者】
井戸美枝・いどみえ
ファイナンシャル・プランナー（CFP認定者）、社会保険労務士、経済エッセイスト。国民年金基金連合会理事。講演や執筆、メディア出演などを通じて、年金・税金・社会保障など身近なお金の問題について解説している。『一般論はもういいので、私の老後のお金「答え」をください！』（日経BP）、『親の終活 夫婦の老活』（朝日新書）ほか著書多数。

【漫画・イラスト】
ゆむい
漫画家、イラストレーター。扶養妻の自立を描いた漫画『夫の扶養からぬけだしたい』（KADOKAWA）が大ヒット。夫婦関係、主婦の人間関係をテーマに描いた作品が人気を博している。『平凡な主婦 浮気に完全勝利する』（ワニブックス）、『気がつけば地獄』（KADOKAWA）などのベストセラーも。

構成＝黒澤彩
ブックデザイン＝前田友紀（mashroom design）

知《し》らないと増《ふ》えない、もらえない
妻《つま》のお金《かね》 新《しん》ルール

二〇二五年三月一四日 第一刷発行

著者＝井戸美枝《いどみえ》
発行者＝清田則子
発行所＝株式会社 講談社
〒一一二-八〇〇一 東京都文京区音羽二-一二-二一
編集 ☎〇三-五三九五-三四〇〇
販売 ☎〇三-五三九五-五八一七
業務 ☎〇三-五三九五-三六一五
印刷所＝大日本印刷株式会社
製本所＝大口製本印刷株式会社

KODANSHA

191p 19cm

ISBN 978-4-06-537655-3